LEA ESTE LIBRO SI DESEA FOTOGRAFIAR BUENOS RETRATOS

HENRY CARROLL

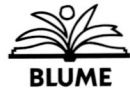

BLUME

Título original:
Read this if you want to take great photographs of people

Documentación de imágenes:
Peter Kent

Ilustraciones:
Carolyn Hewitson

Traducción:
Francisco Rosés Martínez
Fotógrafo profesional

Coordinación de la edición en lengua española:
Cristina Rodríguez Fischer

Primera edición en lengua española 2015
Reimpresión 2016, 2017, 2018, 2019, 2021, 2025

© 2018 Naturart, S.A. Editado por BLUME
© 2015 Art Blume, S.L.
Carrer de les Alberes, 52, 2.º, Vallvidrera
08017 Barcelona
Tel. 93 205 40 00 E-mail: info@blume.net
© 2015 Laurence King Publishing, Londres
© 2015 del texto Henry Carroll

I.S.B.N.: 978-84-17254-77-3

Impreso en China

WWW.BLUME.NET

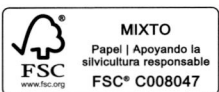

MIXTO
Papel | Apoyando la
silvicultura responsable
FSC® C008047

LEA ESTE LIBRO SI DESEA FOTOGRAFIAR BUENOS RETRATOS

HENRY CARROLL

BLUME

INTRODUCCIÓN 6

CONTEXTO 26

Fondos 28
Mise en scène 30
Yuxtaposición 32
Ocultar el contexto 34
Ausencia 36
Encuadre 38

Aspectos técnicos:
Abertura y profundidad de campo 40
Prioridad de abertura (A o Av) 41

COMPOSICIÓN 8

Mandamientos 10
Relaciones de espacio 12
Punto de vista 14
Elección del objetivo 16
Romper las reglas 18
Anonimato 20
Captar la individualidad 22

Aspectos técnicos:
Distancia focal y composición 24

MIRADA 42

Ser invisible 44
Expresiones faciales 46
Cámara oculta 48
Mirada fuera del encuadre 50
Retratos de grupo 52
Miradas directrices 54

Aspectos técnicos:
Los ojos de la ley 56

CONTROL 60

Acciones 62
Organización 64
La pose 66
Autorretratos 68
Documentar el cambio 70
El estudio 72

Aspectos técnicos:
Psicología de la cámara 74

LA CALLE 76

Buscar su propia voz 78
Saber dónde mirar 80
Crear un escenario 82
Velocidades de obturación lentas 84
Retratos de calle posados 86
Géneros 88

Aspectos técnicos:
Velocidad de obturación y movimiento 90
ISO 91

BLANCO Y NEGRO O COLOR 92

Relaciones cromáticas 94
Tonos medios 96
Tonos cálidos 98
Espacio negativo 100
Jerarquía cromática 102

Aspectos técnicos:
Ver en blanco y negro 104
Ver en color 105

PSICOLOGÍA DE LA LUZ 106

Luz natural 108
Flash y luz artificial 110
Iluminación Rembrandt 112
Dirección de la luz 114
Luz ambiente 116
Exposición 118
Empatía 120

Aspectos técnicos:
Equipo de iluminación de estudio 122
Esquemas básicos de iluminación 123

POR QUÉ, CUÁNDO, QUÉ ...124

INTRODUCCIÓN

Cierre el libro. Mírese durante un buen rato en un espejo y pregúntese: «¿Quién soy y por qué quiero tomar fotografías de personas?».

Responda a esta cuestión y se hallará en el camino correcto para ser un buen fotógrafo. El motivo de esta afirmación es que los mejores retratistas no solo nos cuentan cosas sobre la persona que aparece en la imagen, sino que también nos hablan sobre el individuo que se encuentra detrás de la cámara: el fotógrafo.

Aquí se habla de 50 fotógrafos, todos ellos maestros en su arte, con diferentes enfoques hacia la fotografía de retrato. Estudie sus imágenes y accederá a un mundo de ideas y técnicas que le servirán de inspiración para descubrir su propio modo de retratar personas. Pero hay que dejar clara una cosa desde el principio.

No haga fotografías *de* personas.
Haga fotografías *sobre* personas.

Para ello, tiene que aprovechar su creatividad. Pero también es necesario adquirir ciertos conocimientos técnicos, y voy a asumir que ya domina algunos principios fundamentales, como la diferencia entre velocidad de obturación y abertura, qué son las líneas de fuga y cuál es la regla de los tercios.

Si esta última frase no tiene ningún sentido para usted, entonces le recomiendo que antes se centre en *Lea este libro si desea tomar buenas fotografías*. Este manual, entre otras cosas, trata de las técnicas fundamentales. Pero procure no introducirse demasiado en los temas técnicos, porque aprender la técnica es sencillo. En cambio, tratar de averiguar cómo y por qué quiere fotografiar personas es mucho más difícil.

¿Y las buenas noticias? Este libro le ayudará precisamente a hacer eso. La parte complicada es la necesidad de pensar sobre uno mismo y sobre su relación con otras personas. Pero antes de que le desanime con una charla emotiva, vamos a reducirlo todo a la regla dorada del retrato.

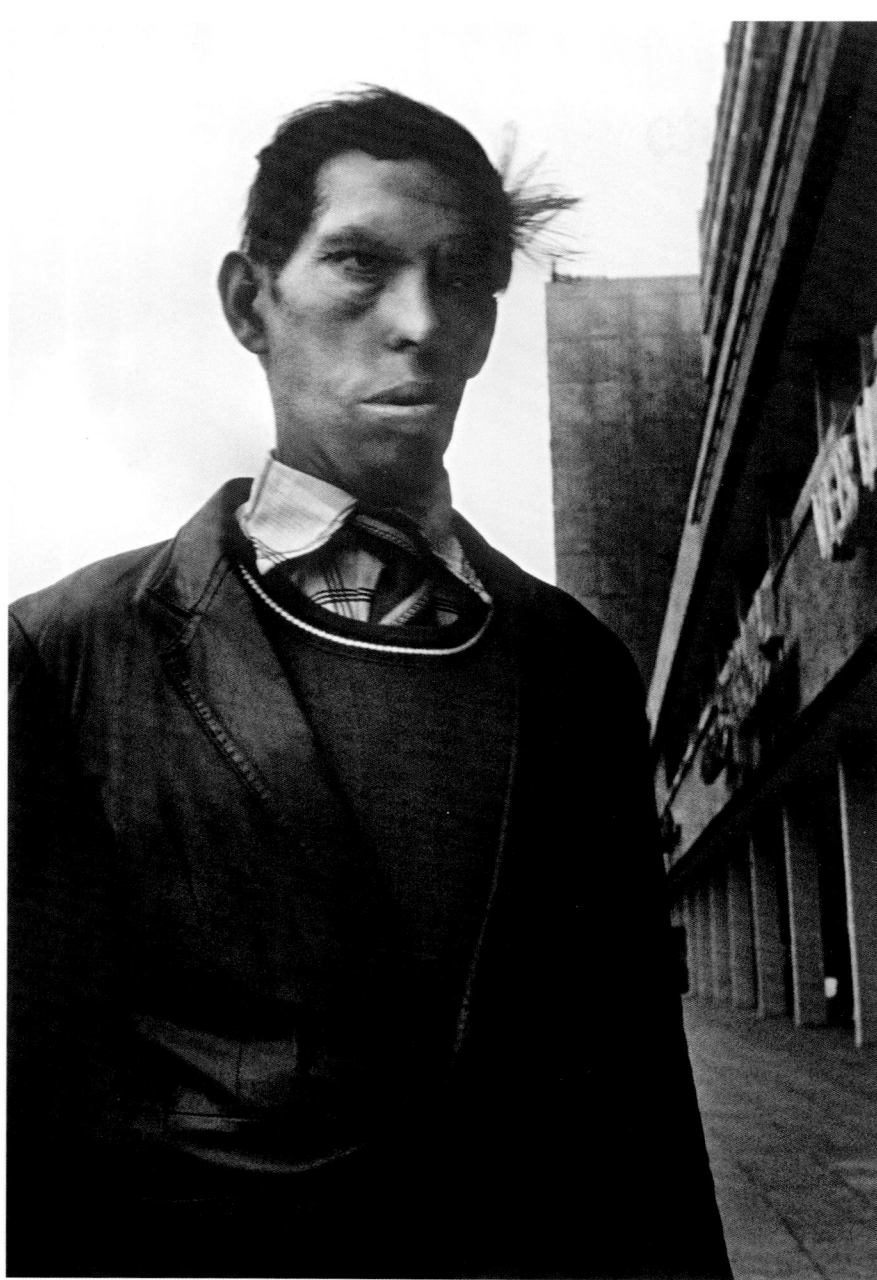

Confíe en su «instinto visual»

El propósito de la composición no es que las fotografías sean *correctas*, sino que resulten *agradables*. Para ello, existe una serie de «reglas», que tal vez usted conozca en gran medida, aunque en realidad no se trata exactamente de eso. Son más bien unas pautas generales que puede seguir o bien ignorar.

De hecho, cuando el sujeto es tan variado como la gente, solo hay que seguir una norma: confiar en el instinto visual. ¿A quién está fotografiando? ¿Cuál es el estado de ánimo del sujeto? ¿Cuál es su estado de ánimo? ¿Dónde tiene lugar la sesión fotográfica y qué sucede alrededor? Estas son cosas que hay que interiorizar, y en este primer capítulo aprenderá a hacerlo.

Haga caso de lo que le dice su instinto sobre el sujeto y la situación.

Algunas veces, su instinto visual le conducirá a una composición que sigue unas reglas claras. En otras ocasiones, en cambio, le llevará a situaciones en las que simplemente no se aplica ninguna regla. Como veremos, ambas posibilidades son igual de válidas siempre y cuando permita que su instinto le guíe.

COMPOSICIÓN

19 de septiembre de 1983, Berlín Este
Keizo Kitajima

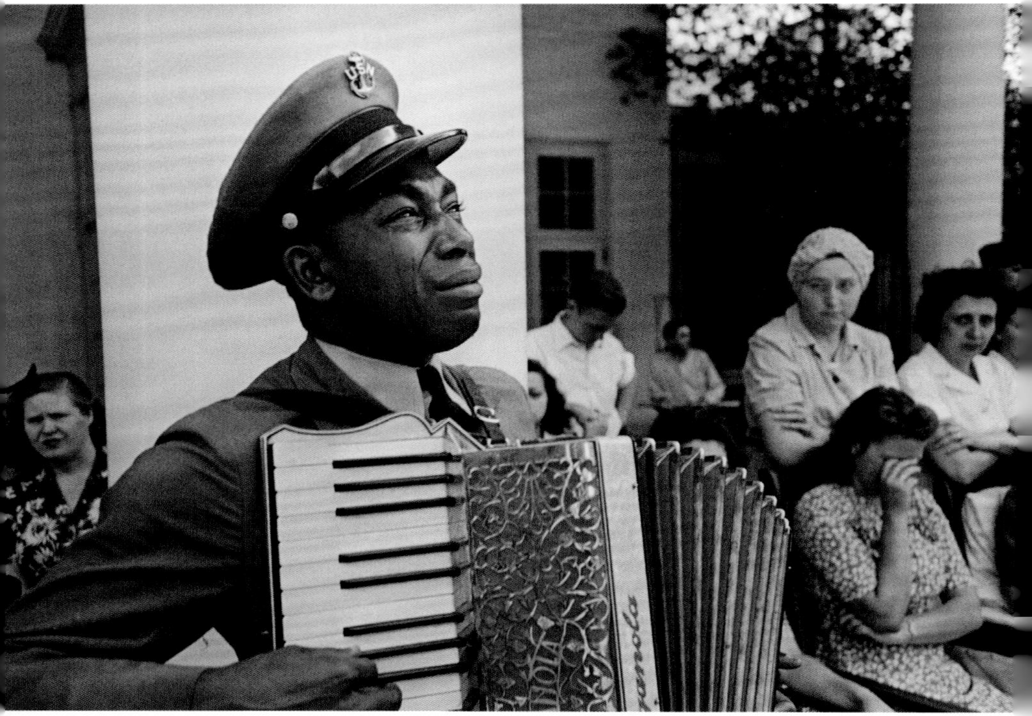

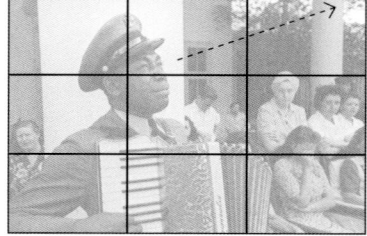

*Graham Jackson,
músico de la fuerza naval*
Ed Clark
1945

Las reglas establecidas

Si existe un retrato que utilice las reglas con sutileza, es este de Ed Clark.

El hombre que aparece en la fotografía es el suboficial Graham Jackson. Las lágrimas se deben al cortejo fúnebre que transporta a su presidente, Franklin D. Roosevelt. El músico interpreta con su acordeón «Going Home», pero el tono solemne ya es evidente en los mismos ojos.

Otros ejemplos:
Margaret Bourke-White,
pág. 32
Hippolyte Bayard, pág. 69
Robert Doisneau, pág. 82

La regla de los tercios. Todo se encuentra en el espacio y el encuadre.

Las fotografías como esta no responden bien a los análisis visuales, de manera que seré breve. El sujeto se encuentra en el primer tercio desde el borde izquierdo de la fotografía, y sus ojos, en el primer tercio desde el borde superior: la regla de los tercios. Hay mucho espacio a la derecha, lo que permite que su mirada recorra el encuadre: espacio. El suboficial se halla delante de una columna blanca que crea un espacio despejado en una composición llena de movimiento: encuadre.

Siguiendo «las reglas establecidas», usted, como fotógrafo, se funde con el fondo. Pero esto no es malo, porque en ocasiones es preferible permanecer inmóvil y dejar que el sujeto lo haga todo.

Es la naturaleza simple y atemporal de estos mandamientos de la composición lo que permite que la triste melodía interpretada por el suboficial Jackson siga sonando décadas después, mucho después de que se secaran sus lágrimas.

Enlazar las capas

Otros ejemplos:
Donovan Wylie, pág. 26
Henri Cartier-Bresson,
pág. 76
Duane Michals, pág. 106

Un ranchero, que está sentado, impotente, mientras sus campos arden en un incendio incontrolado, da unos golpecitos sobre la mesa con su lata de tabaco. La tarea del fotógrafo, Sam Abell, es captar las preocupaciones del sujeto. ¿Cómo lo hace?

Todo se encuentra en las capas. ¿Puede ver cómo cada elemento está perfectamente situado respecto al que se encuentra junto a él? El hombre ocupa su espacio en la mesa, y su nieta, en la cama. Los cuernos de toro ocupan su lugar en la pared que se halla tras ellos. Hay tres elementos compositivos clave, y ninguno de ellos se superpone o interfiere con el resto.

Fíjese en el sujeto y también en el fondo.

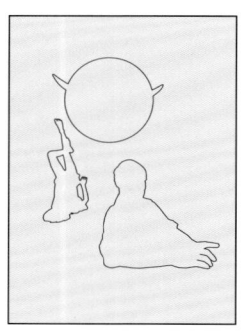

A un nivel básico, todos conocemos el clásico error del «árbol que aparece por detrás de la cabeza», hecho que ocurre cuando no vemos la relación que existe entre las capas del primer plano y el fondo. El sujeto casi siempre se encuentra situado contra algo. Asegúrese de que ajusta su posición, o la del sujeto, para que las diferentes capas interactúen con armonía.

Organizar la composición en capas hace que el espectador tenga que «viajar», como si se narrara una historia. Aquí encontramos la responsabilidad de la edad adulta, luego la inocencia de la niñez, y, por último, un recordatorio estoico de la subsistencia de toda la familia. Esta organización por capas comunica con fuerza que las responsabilidades de este hombre no se limitan a su granja, sino que abarcan a toda su familia.

El ranchero John Fraser
y su nieta Amanda
Sam Abell
1996

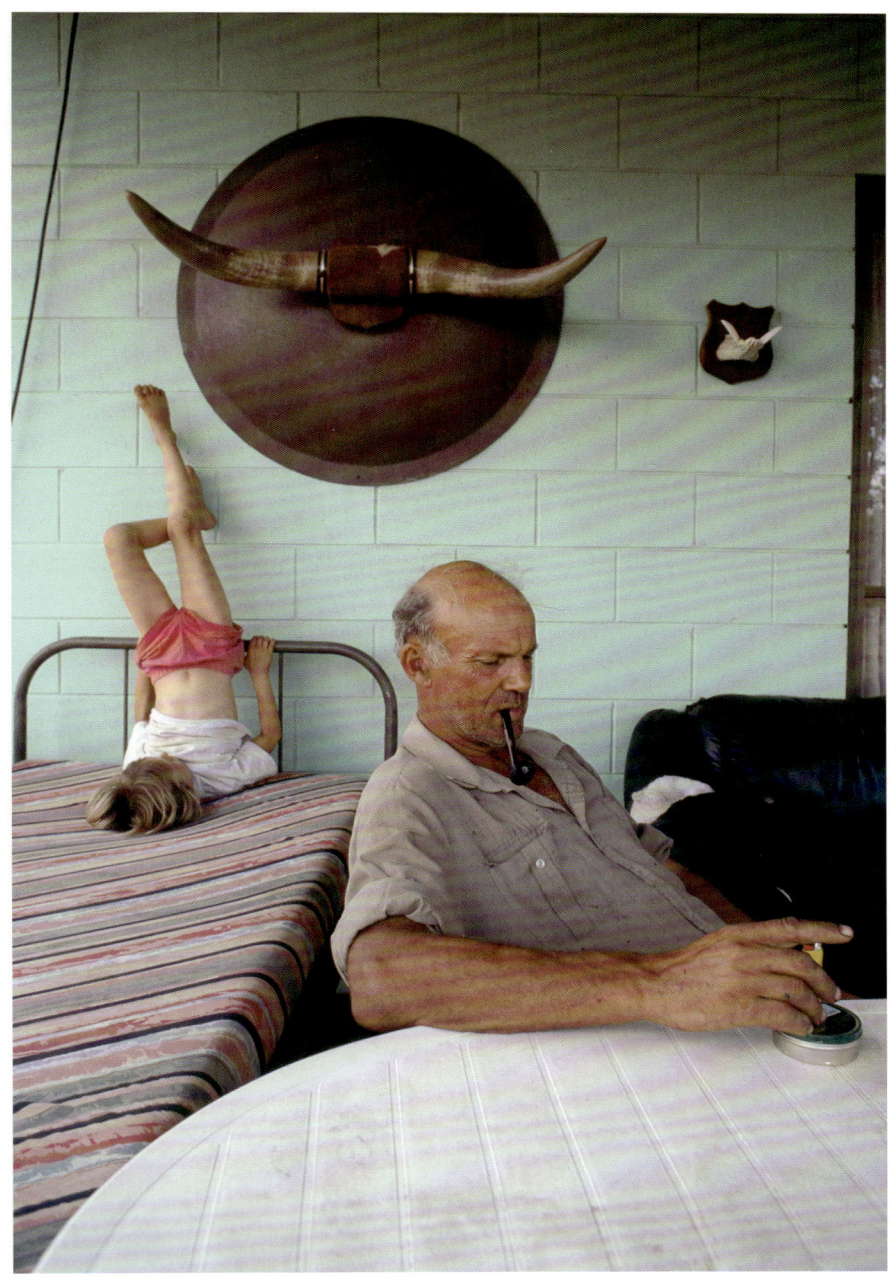

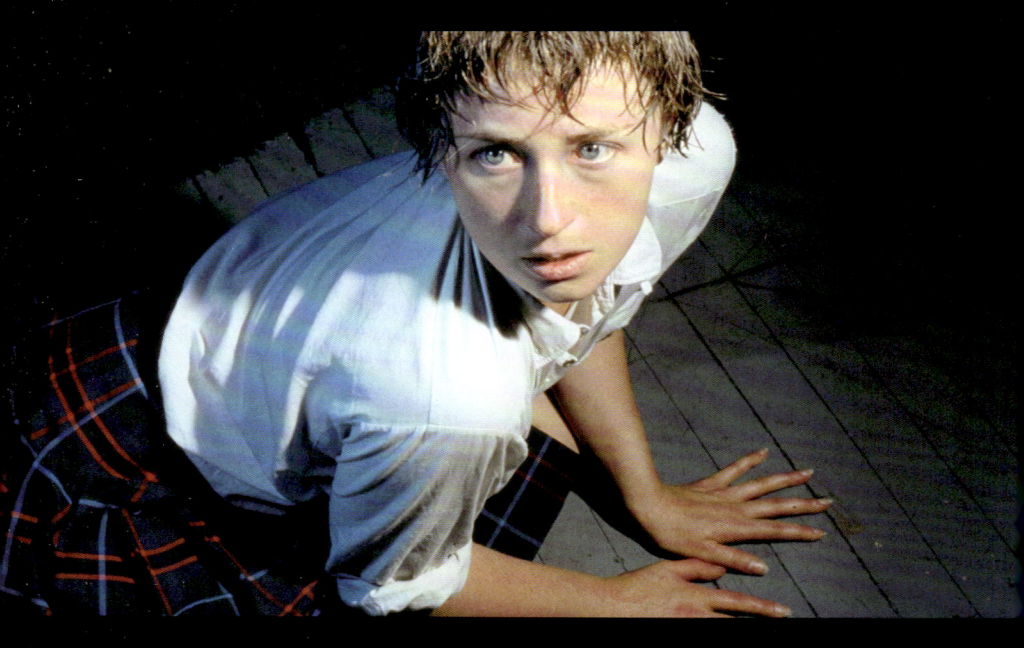

Sin título n.° 92
Cindy Sherman
1981

Punto de vista

A Cindy Sherman se la conoce sobre todo por sus autorretratos, en los que interpreta diversos papeles estereotipados de mujeres en el cine, desde la mujer fatal a la seductora; desde la detective a una víctima de abusos domésticos.

Sherman utiliza ángulos de cámara extremos para manipular nuestra percepción de sus álter ego. En esta fotografía, la observamos desde arriba, lo que, junto con su postura, encorvada en el suelo, y su vestido, un uniforme escolar, hace que parezca totalmente vulnerable ante un atacante oculto. La situación resulta inquietante, pero también en cierto sentido graciosa, un gesto a lo absurdo de la identidad femenina en la pantalla.

El ángulo de la cámara afecta de manera inmediata a la percepción que tiene el espectador del sujeto.

Vuelva a la página 8, donde Keizo Kitajima nos muestra el enfoque opuesto. Cuando fotografía gente en la calle, Kitajima se acerca y «dispara desde la cintura», mirando al sujeto hacia arriba. Este punto de vista hace que la gente destaque en el encuadre. Desconocidos anónimos adquieren una presencia monolítica y poderosa. De repente, nosotros, los espectadores, somos los vulnerables.

Pero no siempre se trata de buscar ángulos forzados. A menudo, el instinto visual nos impulsa a buscar algo más neutro, a poner al espectador a la par con el sujeto. Como norma general, para tomas de primer plano, el objetivo ha de estar alineado con la punta de la nariz del sujeto, para retratos de plano medio con el pecho, y para retratos de plano general con la cintura.

Otros ejemplos sobre puntos de vista neutros:
Gillian Waring, pág. 87
Jeff Wall, pág. 88
Thomas Ruff, pág. 114

Retratos de primer plano

Otros ejemplos:
Philip Haynes, pág. 34
Bill Henson, pág. 118
Robert Bergman, pág. 121

Está mirando a la cara de los olvidados, una niña sin tierra que se ha convertido en un poderoso símbolo de todos aquellos que han sido abandonados por la carrera hacia la globalización. Y ella, con unos ojos que no dejan de mirar, fija su atención en nosotros, las caras del reducido número de afortunados.

La fotografía de Sebastião Salgado es la máxima expresión de la composición clásica del retrato. El encuadre cerrado nos introduce en la imagen sin distracciones hasta los ojos de la niña y todo lo que dicen. Ella llena el encuadre, pero la imagen no resulta abigarrada. Aunque hay espacio sobre su cabeza, no es excesivo. El punto de vista neutro elimina cualquier juicio causado por un ángulo picado o contrapicado. Todo parece simple, pero si cualquiera de estas sutilezas compositivas quedara ligeramente descompensada, el retrato perdería su fuerza.

Nada tiene mayor impacto sobre la composición que la elección del objetivo.

Para crear una composición como esta hay que utilizar un objetivo con una distancia focal entre estándar y tele corto (*véase* pág. 25), por lo general conocido como «de retrato». Este tipo de objetivo permite que el sujeto destaque sobre un fondo suave. El encuadre cerrado elimina los detalles del entorno, que podrían desviar la atención, centrando la composición en los ojos.

Salgado es un fotógrafo que se deja guiar por su instinto, y su relación emocional con los personajes que fotografía determina su elección compositiva. Puede pasar la página, pero los inquisitivos ojos de la niña le mirarán para siempre.

Niña sin tierra,
Paraná, Brasil
Sebastião Salgado
1966

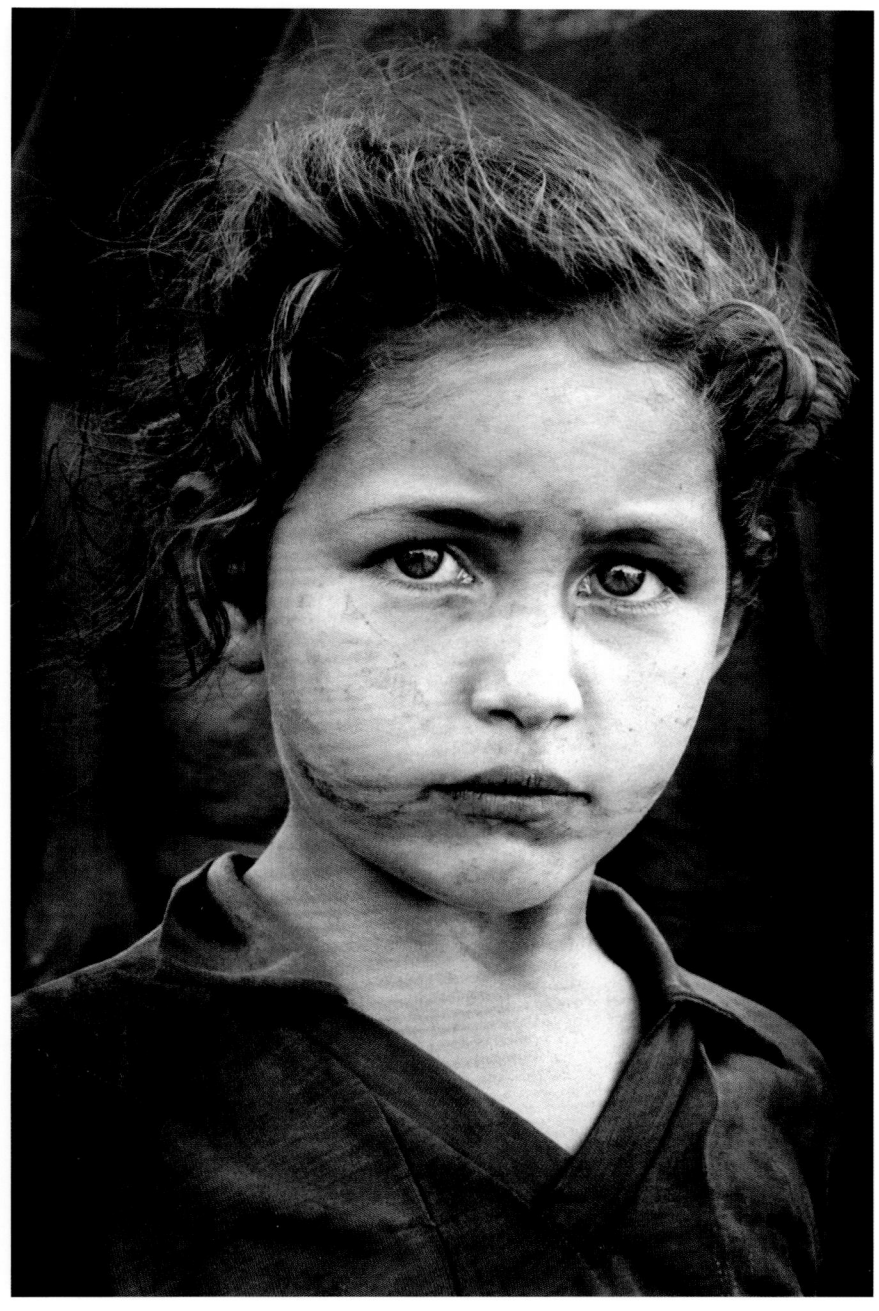

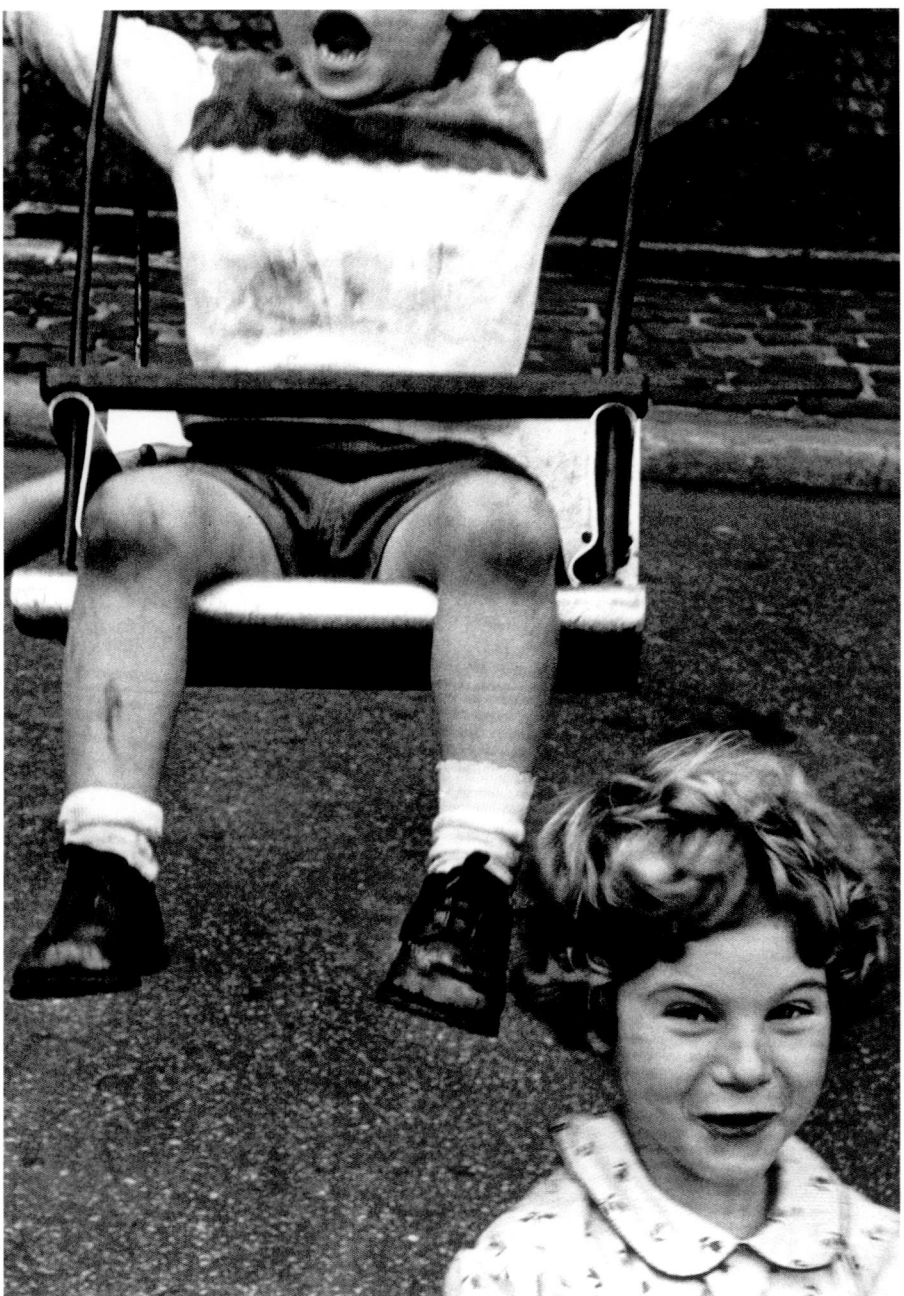

Cree su propio libro de reglas

Una «buena» composición no siempre es algo ordenado y agradable a la vista. Aquí, William Klein fotografía a unos niños jugando, y, como en muchas de sus imágenes, esta no se adhiere a ninguna regla compositiva.

Da la impresión de que los elementos se hayan superpuesto de manera aleatoria en un *collage*. Todo lo que vemos de la cara del niño es su boca abierta, mientras que los ojos y la boca quedan recortados por la parte superior del encuadre. En cuanto a la niña, aparece en la esquina inferior del encuadre como una alucinación. Puede desaparecer en un abrir y cerrar de ojos.

Algunos sujetos exigen una composición completamente distinta.

Cuando se fotografía a personas, existe una tendencia natural a ubicar a los sujetos en el encuadre y tratar los bordes como zonas de amortiguación. Cuando el sujeto se ubica en la periferia, se trastoca el equilibrio y se aleja la atención del espectador del centro. Es una técnica que va en contra de cualquier regla, y ese es justo el propósito.

Lanzándonos a una composición parabólica, Klein crea una imagen desorientadora que capta la energía hiperactiva de los niños. Sin orden aparente, nuestros ojos se ven envueltos en una espiral de juego efervescente.

Otros ejemplos:
Zed Nelson, pág. 21
Arnold Newman, pág. 22
Donovan Wylie, pág. 26

Niño + Niña + Columpio, Nueva York
William Klein
1955

Todo está en los detalles

Otros ejemplos:
Will Steacy, pág. 37
Otto Steinert, pág. 85
John Coplans, pág. 92

El hombre que aparece en la fotografía de Zed Nelson está mirando a la cámara, exactamente como cuando uno posa para un retrato. Pero en lugar de componer la imagen alrededor de la cabeza, los hombros y el tronco, Nelson se centra en la cintura.

¿Qué hacemos ante un hombre en el desierto que lleva un cuchillo, una pistola y una hebilla de cinturón ornamentada con la bandera de Estados Unidos? Estos detalles dicen mucho sobre el sujeto. Y el hecho de que no podamos ver su rostro hace que resulte todavía más enigmático.

No deje que sus ideas preconcebidas sobre el retrato interfieran con lo que le dice su instinto.

La composición no tiene por qué priorizar la cara del sujeto. Algunas veces, simplemente carece de importancia. Estudie el sujeto —observe sus zapatos, sus joyas, su peinado—, ya que son los detalles que a menudo retratan el carácter de una persona.

Libérese de las limitaciones impuestas por las reglas de la composición y verá cómo su instinto visual le habla un poco más alto.

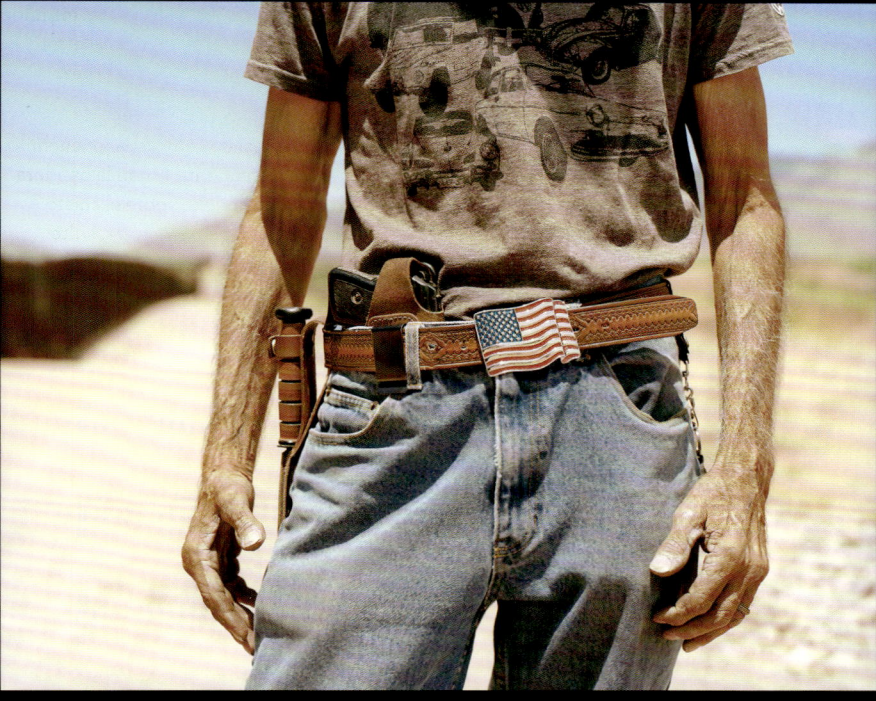

George Sprankle
de la serie «A lo largo del
margen derecho de Río Grande»
Zed Nelson
2010

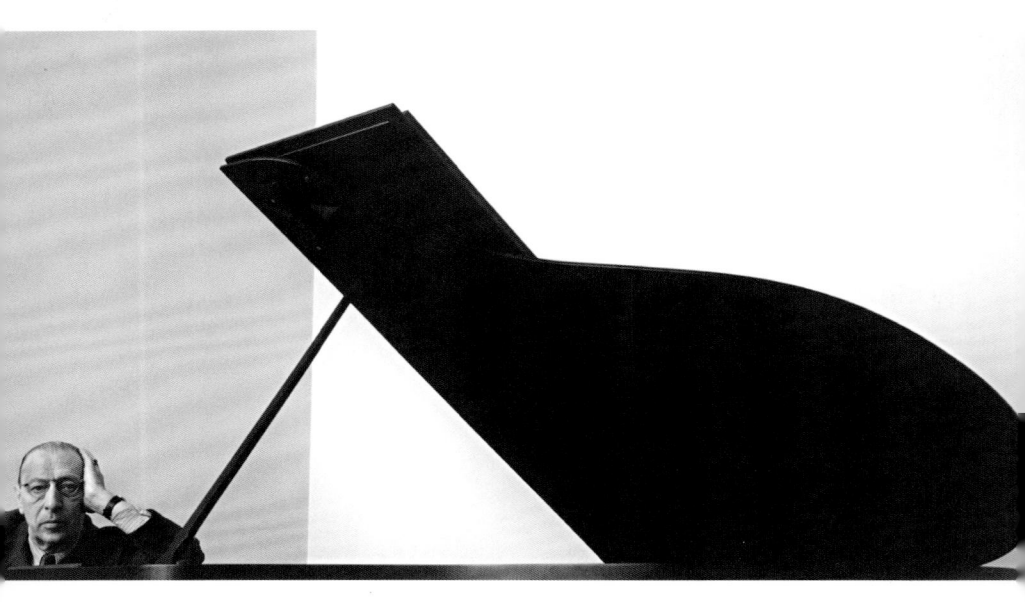

Igor Stravinsky,
compositor ruso

Arnold Newman

1946

Encuentro de personalidades

En lugar de ubicar al sujeto —el compositor ruso Igor Stravinsky— de manera cómoda dentro de la imagen, Arnold Newman lo sitúa en el borde del encuadre y dirige nuestra atención hacia el piano. Empequeñecido por la forma de una nota musical gigante, el incisivo retrato de Newman nos recuerda en clave de humor que la música hace al hombre.

Otros ejemplos:
Donovan Wylie, pág. 26

Utilice la composición para plasmar la individualidad del sujeto.

Todo el mundo es diferente. Si imagina las cualidades únicas del sujeto —por ejemplo, un rasgo de su personalidad, profesión o cualidad física—, puede comenzar a construir composiciones que capten esa individualidad.

Por supuesto, resulta de ayuda elegir sujetos con los que se siente afinidad. Lo que permitió esta inspirada composición fue la semejanza de pensamiento entre el fotógrafo y el sujeto. Newman prestó poca atención a las reglas compositivas, y Stravinsky confesó: «Nunca he entendido nada de música en mi vida, pero la siento».

Distancia focal y composición

La distancia focal del objetivo es más relevante en la composición final que cualquier otra cosa. Las distancias focales, ya sean cortas, estándar o largas, tienen rasgos muy distintivos, por lo que hay que asegurarse de que se utiliza la más adecuada para comunicar lo que nos dice el instinto visual.

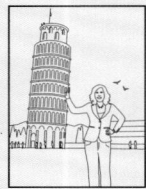

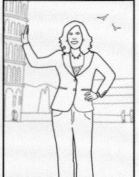

Gran angular

Emplee una focal corta si quiere que la composición incluya el entorno (*véase* pág. 13). Preste una atención especial a la posición del sujeto para que no se pierda frente al detalle. La distancia parece ampliarse, de modo que, por lo general, hay que aproximarse más al sujeto. La profundidad de campo es mucho más amplia, lo que significa que se incrementa la extensión de imagen enfocada. En tomas próximas, los rasgos del sujeto se verán distorsionados.

Estándar

Una distancia focal estándar proporciona una composición ligeramente más cerrada. Dependiendo de la distancia, el entorno seguirá desempeñando un papel, pero el sujeto tenderá a llenar más el encuadre. La distancia relativa parece similar a la que se aprecia a simple vista (*véase* pág. 10). La profundidad de campo se reduce, lo que significa que el fondo queda desenfocado. Esto enfatiza la importancia del sujeto. En tomas próximas se puede apreciar una ligera distorsión de los rasgos faciales, aunque no resulta demasiado evidente.

EN LA CÁMARA:
Cuatro tercios: < 18 mm
APS-C: < 24 mm
35 mm: < 35 mm
Formato medio (6 × 6 cm): < 50 mm
Gran formato (10 × 12 cm): < 120 mm

EN LA CÁMARA:
Cuatro tercios: 25 mm
APS-C: 35 mm
35 mm: 50 mm
Formato medio (6 × 6 cm): 80 mm
Gran formato (10 × 12 cm): 150 mm

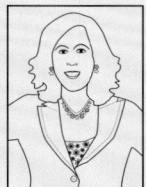

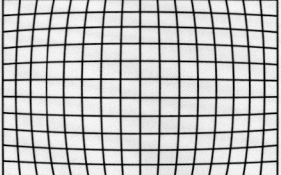

Teleobjetivo

Los objetivos con una distancia focal ligeramente mayor se denominan *objetivos para retrato*. Casi todos los elementos del entorno quedan excluidos de la imagen debido al encuadre cerrado y a la reducida profundidad de campo. Estas características ponen énfasis en el sujeto y centran toda la atención en él (*véase* pág. 17). Fíjese en cosas sutiles como joyería, logotipos y ornamentos, porque resultarán mucho más evidentes. Los rasgos faciales no aparecen distorsionados.

Distorsión óptica

Todos los objetivos sufren cierto grado de distorsión óptica, hecho que resulta bastante evidente con focales muy cortas (objetivos gran angular). Las líneas verticales y horizontales se curvan hacia fuera, sobre todo alrededor de la periferia del encuadre.

En fotografía de retrato, esto provoca que los rasgos o los elementos más próximos al objetivo queden distorsionados. El efecto resulta muy gracioso cuando el propósito es crear imágenes en clave de humor, pero también puede generar imágenes con mucha fuerza cuando se busca un efecto dramático (*véase* pág. 13). Por esta razón es una técnica muy empleada en fotoperiodismo.

EN LA CÁMARA:
Cuatro tercios: > 40 mm
APS-C: > 50 mm
35 mm: > 70 mm
Formato medio (6 × 6 cm): > 120 mm
Gran formato (10 × 12 cm): > 240 mm

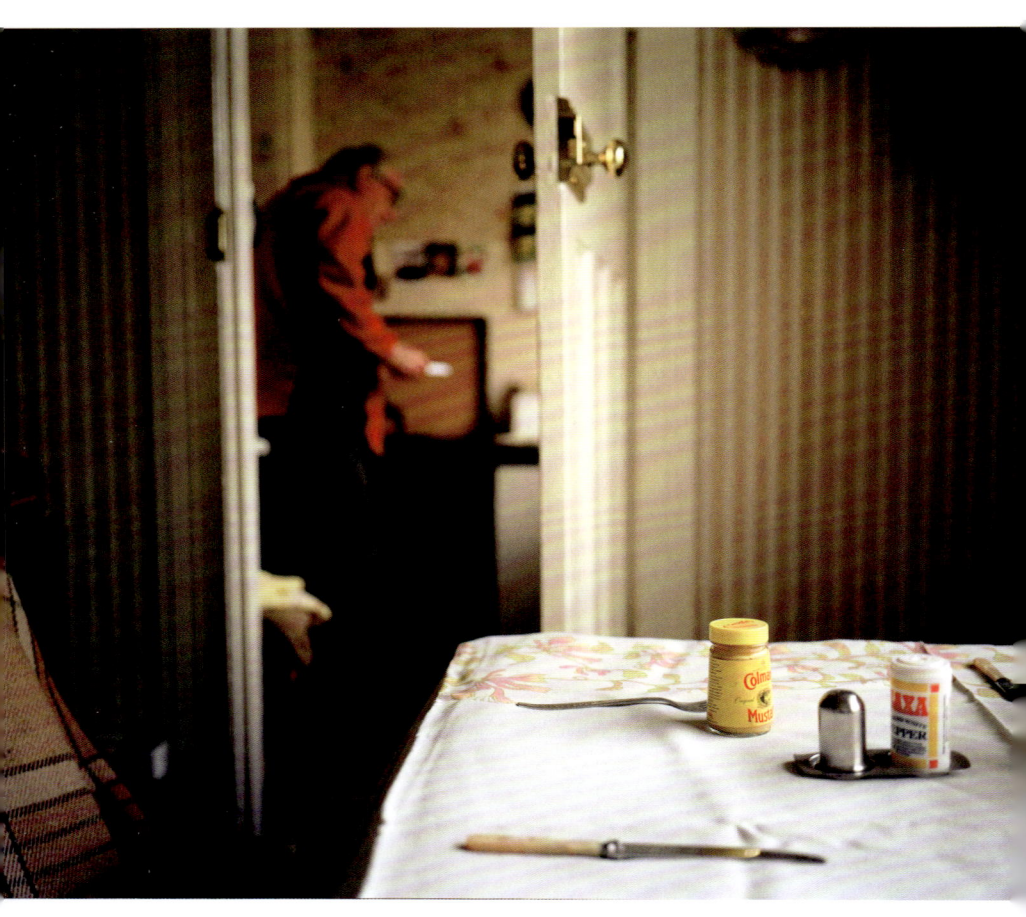

La casa de mi tío
Donovan Wylie
1998

El entorno

Retrate a alguien que conozca, por ejemplo a un amigo, un familiar o un compañero de trabajo. Ahora piense en los objetos que escogen como escenario.

¿Qué llevan siempre consigo? ¿Tienen el automóvil impoluto o está lleno de trastos? ¿Qué hay en la mesita de noche? La cuestión del entorno, o contexto, es una de las más importantes que hay que tener en cuenta en fotografía de retrato.

¿Es el entorno una parte fundamental en sus retratos, o prescinde de él?

Por ejemplo, examinemos esta fotografía de Donovan Wylie. Muestra a su tío entreteniéndose en la cocina, pero la reducida profundidad de campo (*véase* pág. 40) limita su figura a poco más que una mancha borrosa en el fondo. Por ello, nuestra atención se dirige hacia la mesa en primer plano.

Este pequeño detalle contextual es relevante, ya que nos muestra los valores de su tío, su estilo de vida y su rutina diaria. Incluso puedo escuchar la conversación durante la cena. Todo esto crea una excelente imagen.

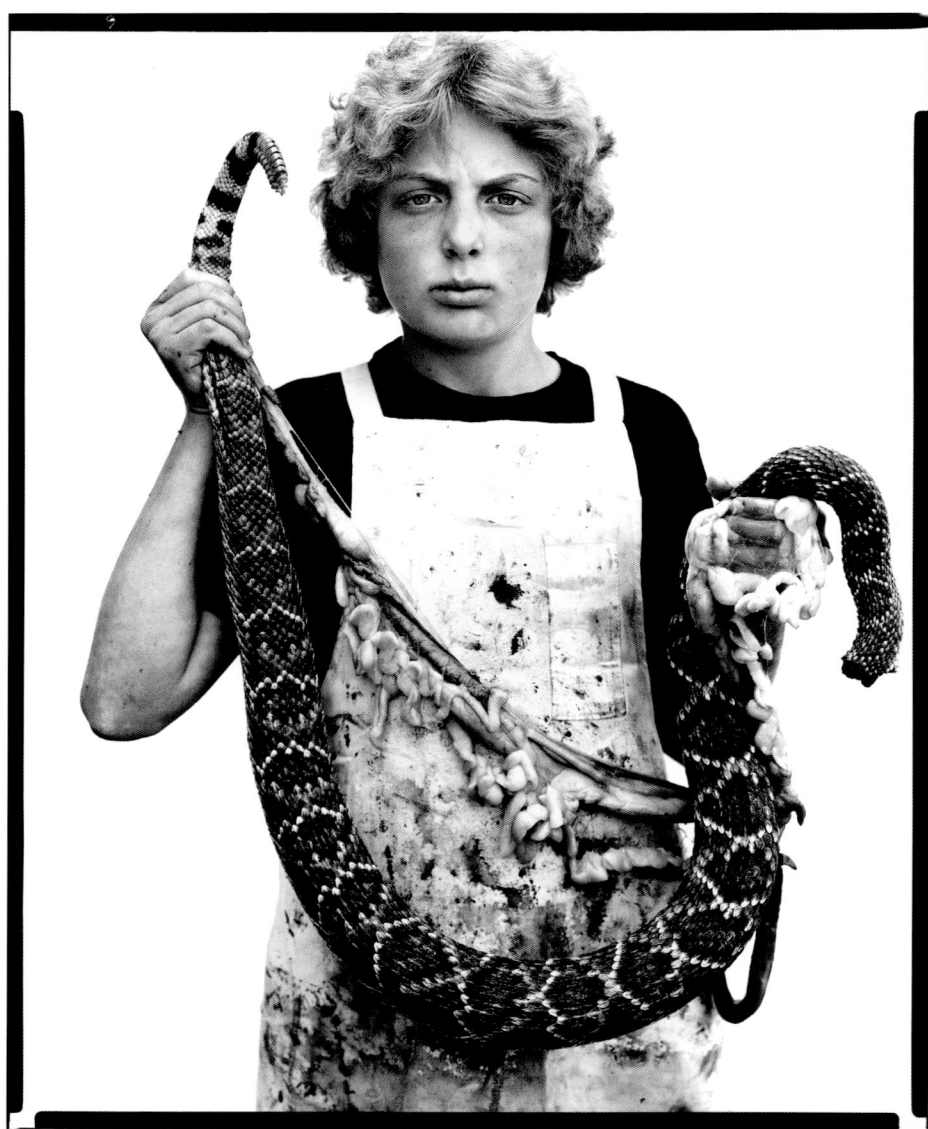

De otro mundo

Fotografiado contra un fondo blanco, cualquier clave visual sobre este encuentro y las circunstancias que condujeron a él se han eliminado quirúrgicamente del retrato, como las entrañas de la serpiente.

Para su serie «En el Oeste americano», Richard Avedon viajó a pequeños pueblos anclados en el pasado y a ranchos aislados en busca del verdadero Oeste, poblado por personas muy alejadas de los míticos vaqueros que aparecen en las películas. Avedon llevaba un fondo blanco que colocaba en el exterior de los edificios para crear un estudio improvisado.

Un fondo liso separa el sujeto del mundo y lo muestra para su examen.

Cuando se coloca a alguien contra un fondo liso y simple se elimina cualquier dato acerca del contexto, lo que enfatiza la importancia del sujeto y canaliza la atención del espectador en él. Por tanto, es una técnica que se debería reservar para sujetos que merezcan toda nuestra atención.

Avedon buscaba a individuos que destacaran entre los trabajadores anónimos del Oeste y los fotografiaba usando la misma estética que empleaba en sus retratos de estudio de celebridades. Aislados por un fondo blanco, la suya es una belleza que deriva no del estatus social y el estilo, sino de la vida real.

Otros ejemplos:
Philip Haynes, pág. 34
Bettina von Zwehl, pág. 60
Jemima Stehli, pág. 72
Hendrik Kerstens, pág. 113

Boyd Fortin, 13 años, desollador de serpientes, Sweetwater, Texas, 10 de marzo de 1979
Richard Avedon
© The Richard Avedon Foundation

Maestro de la
mise en scène

Otros ejemplos:
Cindy Sherman, pág. 14
Jemima Stehli, pág. 72
Jeff Wall, pág. 88
Duane Michals, pág. 106

Una mujer está sentada sola en la sala de espera de un hospital. En su regazo hay un libro. Las páginas en abanico sugieren que su mente se encuentra en otra parte. Detrás de ella hay dos pantallas de ordenador sin vida, y, más allá, a través de la ventana, se pueden ver unos helechos. ¿Es el exterior o solo otra habitación igualmente estéril?

Hannah Starkey ubica sus sujetos femeninos en entornos cuidadosamente orquestados. Estos «escenarios» comunican una sensación de ambigüedad, soledad e inquietud. Todo está pensado para que refleje las propias sensaciones de la fotógrafa sobre vivir y trabajar como mujer en Londres.

Asegúrese de que todo en el encuadre tenga algo que decir.

Starkey plantea todas sus imágenes como una puesta en escena, una construcción de elementos «codificados» que se suman para insinuar una narrativa. En sus imágenes, los accesorios, los adornos, los colores y la iluminación tienen su importancia, hasta el punto de que el entorno parece un personaje en sí mismo.

La puesta en escena también se extiende a cómo se fotografía el escenario. Con una profundidad de campo amplia (*véase* pág. 40) se consigue que todo aparezca enfocado. Crea la impresión de que el sujeto forma parte del entorno.

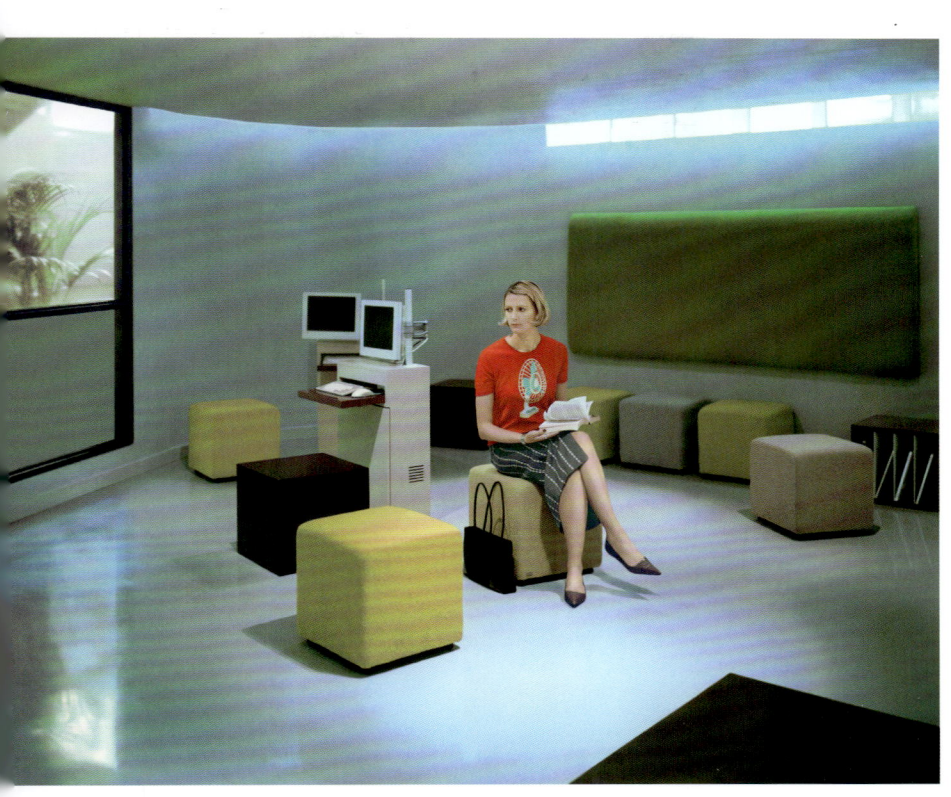

El dentista
Hannah Starkey
2003

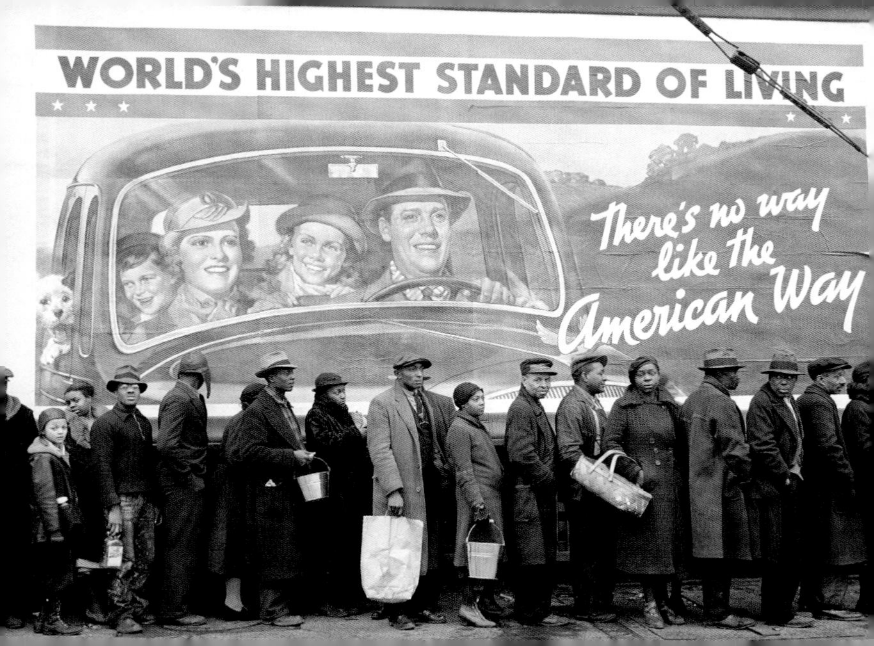
WORLD'S HIGHEST STANDARD OF LIVING
There's no way like the American Way

Los opuestos se atraen

Cuando se fotografía a personas no existe un entorno «neutro». El contexto siempre tiene su papel, sobre todo cuando el sujeto dice una cosa y el fondo otra (yuxtaposición).

Aquí, Margaret Bourke-White fotografía a un grupo de afroamericanos mientras esperan para recoger alimentos. No van rápido, a diferencia de la familia blanca que aparece en el cartel que hay detrás de ellos, que conduce alegremente su nuevo y flamante automóvil bajo el eslogan *World's highest standard of living* («El estándar de vida más alto del mundo»).

Otros ejemplos:
Sam Abell, pág. 13
Weegee, pág. 81
William Eggleston, pág. 102

Las buenas yuxtaposiciones deben hallarse justo delante.

Para que una yuxtaposición funcione, el espectador se la tiene que encontrar justo delante. No se le puede exigir mucho, ya que implicaría forzar la composición. En este ejemplo, Bourke-White llena el encuadre con los dos elementos esenciales: la hilera de gente (pobreza) y el cartel (opulencia). Nada diluye el mensaje.

Es necesario entrenar la vista para detectar yuxtaposiciones. Comience con una lista de opuestos: rico/pobre, Oriente/Occidente, gordo/delgado. A continuación, diríjase a un lugar que represente una de estas cualidades, por ejemplo, «rico». Dedique unas cuantas horas a buscar y le garantizo que aparecerá una composición adecuada.

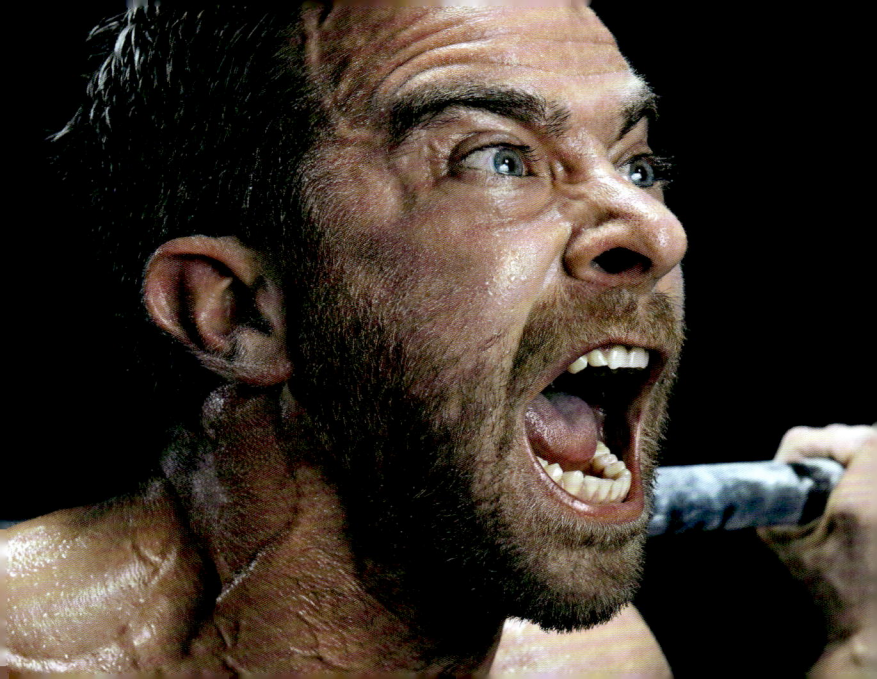

Oculto a la vista, pero no a la mente

CONTEXTO
Ocultar el contexto

Dos cosas hacen que este retrato de Philip Haynes resulte tan llamativo. Primero, el hecho de que el sujeto esté fotografiado en un contexto muy específico —practicando halterofilia—. El encuadre cerrado alrededor de la cara centra toda nuestra atención en su salvaje expresión.

Otros ejemplos:
Cindy Sherman, pág. 14
Will Steacy, pág. 37
Luc Delahaye, pág. 48

Lo que se decide excluir es tan importante como lo que se quiere incluir.

El contexto puede ser importante para el concepto del retrato, pero esto no significa que haya que mostrarlo de manera necesaria. Suele ser suficiente con insinuarlo, ya sea mediante un título bien escogido o a través de claves visuales.

Lo importante es la pregunta *¿qué trato de captar con este retrato?* Haynes no estaba interesado en los levantadores de pesas per se. Tenía interés en cómo la actividad transforma a un ser humano en alguien, o en algo, menos reconocible. Por ello, el contenido de esta fotografía se centra en la cara.

Crossfitters
Philip Haynes
2013

Huellas humanas

Otros ejemplos:
Donovan Wylie, pág. 26

Para la serie «Fecha límite», Will Steacy documentó el declive de un periódico, en el pasado de gran éxito, mientras que en la actualidad lucha por mantenerse a flote en un mundo basado en la red. Resulta interesante que sus «retratos» más íntimos no incluyan ningún sujeto humano; el espectador debe imaginar el espacio que generalmente ocupan.

Este escritorio, que pertenece al periodista Michael Vitez, está desordenado, pero también muestra cierto orden. Incluye los elementos habituales —carpetas de papel manila, un teléfono, gafas, un premio, recortes de periódico y fotografías—, pero ¿qué tipo de persona sigue utilizando un archivo de fichas giratorio en 2012?

Puede revelar mucho sobre el sujeto si fotografía las huellas que deja.

Cuando se extrae el sujeto de la fotografía todo se detiene, y lo que queda es un bodegón. Sigue siendo un retrato, pero el espectador, en lugar de interactuar con el sujeto, lo hace con sus posesiones.

Puede ser el modo en que se ha doblado un pañuelo o cómo se ha organizado un armario lo que traicione el carácter del sujeto. De cada uno depende hasta qué punto cambia la posición de las cosas en beneficio de la fotografía. Solo tenga en cuenta que si altera demasiado lo que encuentra, dejará de fotografiar al sujeto. Estará haciendo un retrato de usted.

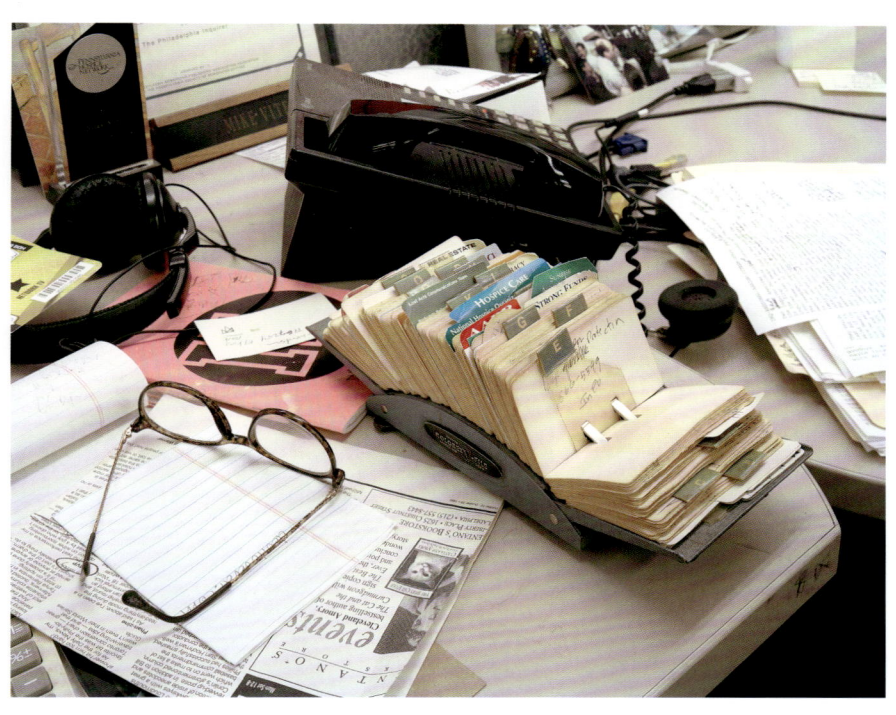

Escritorio de Mike Vitez, 11.14 pm
Will Steacy
2012

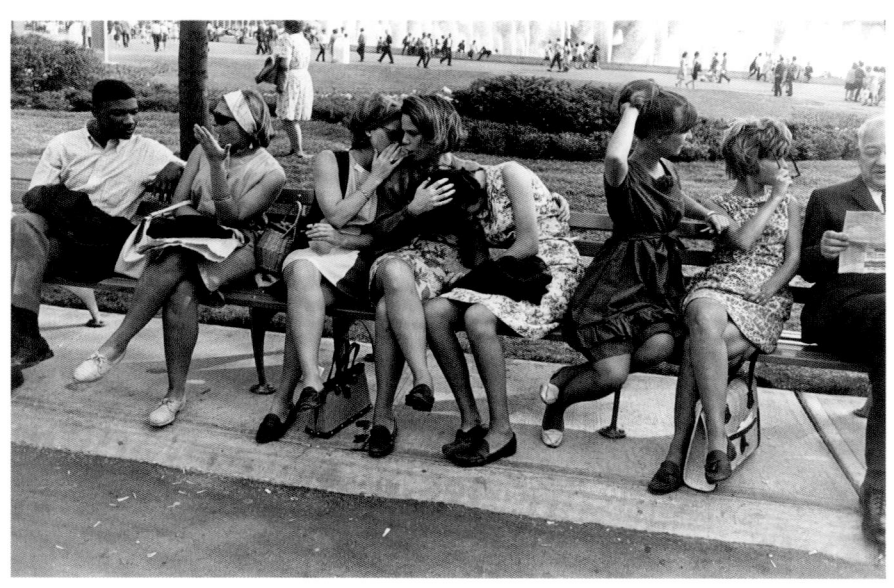

Feria Mundial de Nueva York
Garry Winogrand
1964

Crear un contexto propio

Un hombre joven y apuesto escucha con atención mientras su compañera habla con entusiasmo. Una chica susurra al oído de su amiga, que, a su vez, consuela a una cuarta chica. Algo, o alguien, capta la atención de las siguientes dos mujeres, y, finalmente, un hombre mayor lee el periódico tratando de conservar su sitio en el banco y su posición en el encuadre.

Garry Winogrand creó esta escena, aunque esto no quiere decir que utilizara actores. La elaboró colocando un marco alrededor de una sección de lo que veía y la extrajo del mundo pulsando el botón mágico.

Otros ejemplos:
Margaret Bourke-White,
pág. 32
Henri Cartier-Bresson, pág. 76
Weegee, pág. 81

El encuadre fotográfico es un espacio sobrealimentado que crea su propio contexto.

Cuando hace una fotografía crea un fragmento aislado y bidimensional del mundo. Este marco concentrado establece relaciones entre objetos y personas no relacionados. Conexiones que no existen de manera necesaria en la realidad. Su trabajo es ver esos vínculos incluso cuando estén ocultos por el resto del mundo.

Al colocar un marco alrededor de este grupo de chicas con dos hombres en los extremos, Winogrand consigue que todos dependan de todos. Su mundo plano y rectangular es como un circuito —se elimina un elemento y la electricidad deja de fluir.

Abertura y profundidad de campo

La abertura es un orificio en el objetivo cuyo diámetro se puede aumentar (entra más luz) seleccionando un «número f» más bajo, o reducir (entra menos luz) con un «número f» más alto.

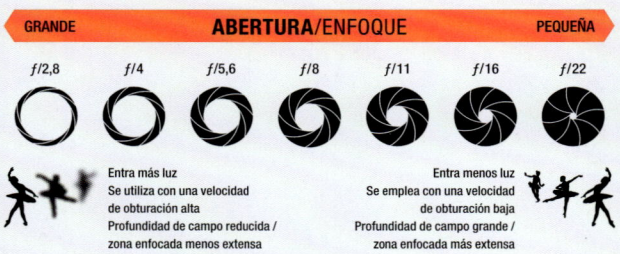

La abertura es tan importante para fotografiar gente porque controla la profundidad de campo. Un número f bajo crea una profundidad de campo reducida, lo que implica que la nitidez se limite a una zona más estrecha. Esto tiene el efecto de incrementar la relevancia del sujeto respecto al fondo (*véase* pág. 67). Un número f alto crea una profundidad de campo amplia, lo que implica una mayor extensión de la nitidez. Esto dirige la atención hacia el fondo y el entorno (*véase* pág. 31).

Los objetivos de distancia focal fija ofrecen aberturas mayores que los objetivos zoom, como, por ejemplo **f1,8.** Esta característica hace que resulten excelentes para retratos más clásicos, ya que permiten conseguir una profundidad de campo muy reducida. Los de focal estándar o algo más larga no son caros, de modo que si todavía no tiene uno, quizás sea una buena idea adquirirlo.

Prioridad de abertura (A o Av)

El Modo de escenas «Retrato» 🏃 de la cámara no sirve para nada.
Es un ajuste programado que no permite ningún control creativo. Para fotografiar gente,
lo mejor es utilizar el modo Prioridad de abertura (**A** o **Av**).

Prioridad de abertura es un modo semimanual que permite
controlar la abertura del diafragma; la cámara calcula de manera
automática la exposición correcta ajustando la velocidad
de obturación (*véase* pág. 90).

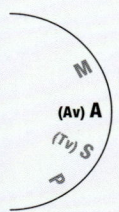

Simplemente seleccione **A** o **Av** en el dial de modo. Luego ajuste
el anillo de diafragmas hacia un lado u otro, dependiendo de si
quiere una profundidad de campo grande o pequeña.

Compensación de la exposición

Es posible que le digan que el modo Manual (**M**) es el único
que resulta útil. Es útil cuando se quiere modificar el valor que
determina el exposímetro de la cámara para subexponer la
imagen (más oscura) o sobreexponerla (más clara). Pero si
la exposición todavía no le resulta instintiva, puede seleccionar
el modo Prioridad de abertura y emplear el dial de compensación
de la exposición 🔲 para conseguir el mismo efecto.

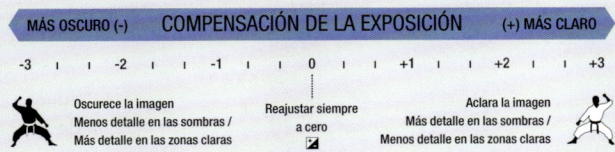

Si gira el dial hacia el signo (+), la imagen quedará más clara.
Este ajuste aumenta el brillo de la piel y el detalle en las sombras.
Si gira el dial hacia el signo (–), la imagen quedará más oscura.
Este ajuste oscurece el tono de la piel y revela más detalle
en las zonas claras.

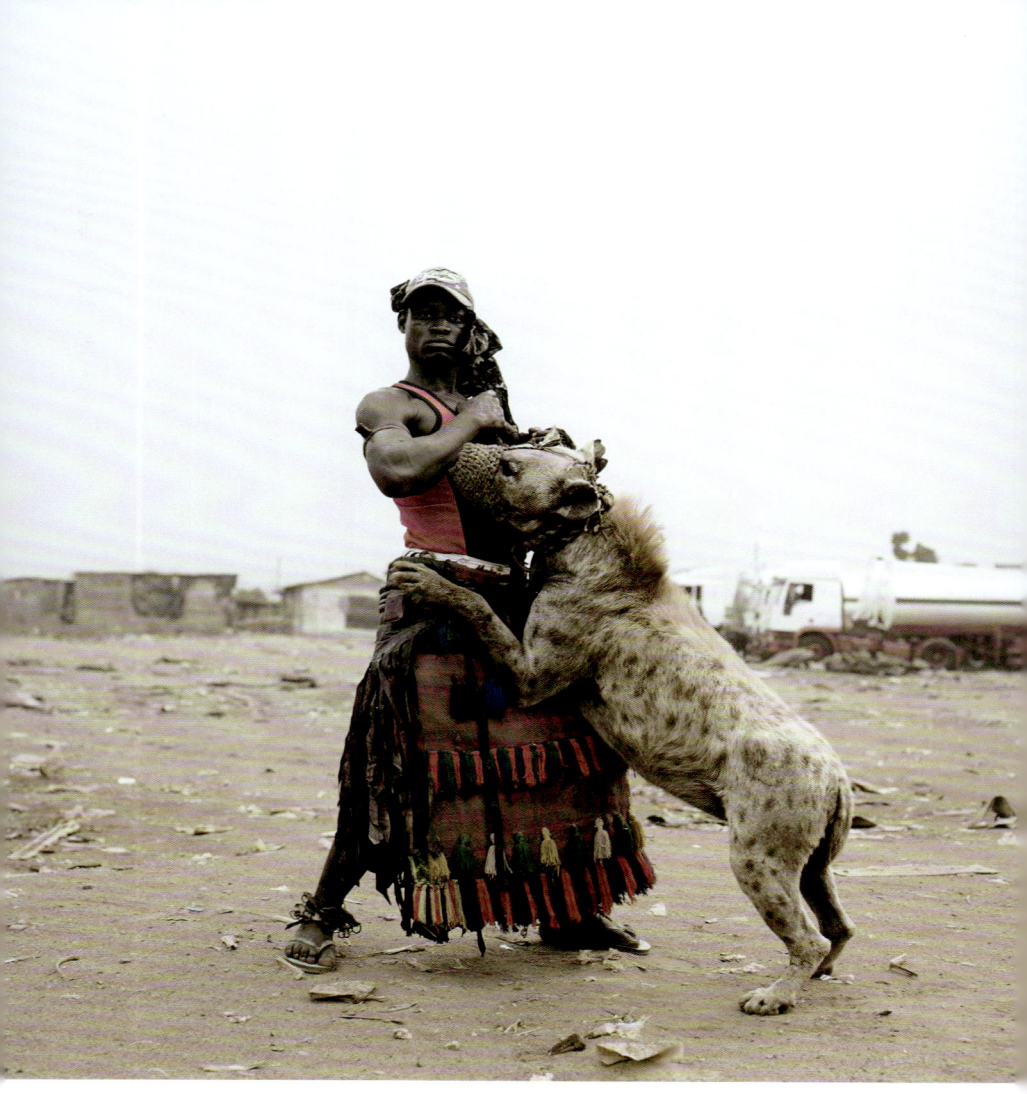

*Abdullahi Mohammed con
Mainasara, Ogere-Remo,
Nigeria*

Pieter Hugo

2007

Juego de miradas

MIRADA

Una fotografía informal, en la que el sujeto parece que no es consciente de la presencia del fotógrafo, a menudo transmite una sensación de mayor «veracidad». Parece que estamos viendo a la persona en su estado natural. Es como si pudiéramos entrever quién es de verdad.

Una fotografía en la que se posa, cuando el fotógrafo coloca al sujeto de cierta manera, es muy diferente. Las personas se convierten en cómplices de la fotografía. No las vemos como son en realidad, sino como son cuando se las fotografía.

Fotografiar gente constituye un tenso juego de poder de miradas entre el sujeto, el fotógrafo y el espectador.

En la serie «La hiena y otros hombres», Pieter Hugo sigue a un grupo de artistas callejeros nigerianos que viaja de pueblo en pueblo con sus animales. Desconocidos y llenos de alteridad, los hombres que aparecen en las imágenes de Hugo miran directamente al objetivo y mantienen un aire intimidatorio bajo el escrutinio de nuestra mirada.

Nunca hay que subestimar el poder de la mirada del sujeto. Si le pedimos que mire a la cámara, al mismo tiempo mira al sujeto. Esta mirada devuelta establece una confrontación entre el sujeto y el espectador. En los retratos de Hugo, ambos tienen su propia mirada.

Combinación

Otros ejemplos:
Ed Clark, pág. 10
Sam Abell, pág. 13
Garry Winogrand, pág. 38

Los hombres que aparecen en esta fotografía tenían que ser conscientes de la presencia de William Gedney, pero el fotógrafo captó un momento en que los cinco estaban totalmente absortos en su actividad.

La figura central, tan delgada como el tronco que sujeta, da una patada a un viejo motor como si se tratara de un animal muerto en la cuneta. Los chicos, tal vez sus hijos, observan con la cabeza gacha y escuchan las palabras que farfulla el hombre mayor. Observe cómo la posición de cada figura crea un flujo rítmico de izquierda a derecha.

Para captar gente en su estado natural hay que pasar desapercibido.

La fotografía informal se basa en el juego de poder que existe entre el sujeto, el fotógrafo y el espectador. En esta escena, el fotógrafo mira a los hombres. Nosotros miramos a los hombres. Pero estos últimos no nos miran.

Conseguir esto requiere tiempo y espacio. La gente necesita tiempo para acostumbrarse a la presencia del fotógrafo, algo que no se puede acelerar. Luego, se trata de conceder al sujeto suficiente distancia física para que se olvide de que estamos ahí, pero no tanta como para que nosotros y el público tengamos la sensación de que somos unos espectadores no invitados.

Fíjese en la posición de Gedney con relación a los sujetos de la fotografía. Forma parte del grupo y, al mismo tiempo, está alejado. Este es el punto óptimo de la fotografía informal, el momento en que el fotógrafo se hace invisible.

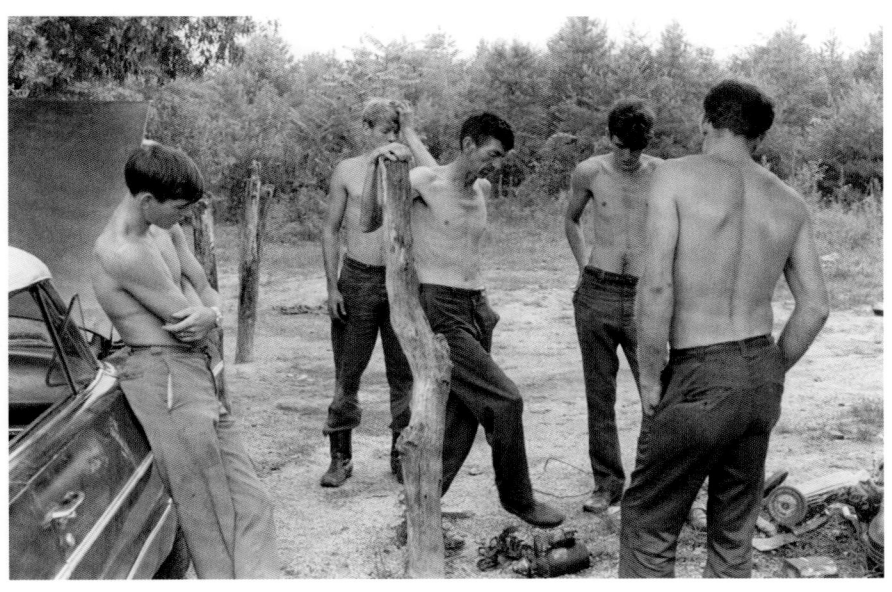

*Hombres y niños de la familia
Cornett alrededor de un montón
de piezas de automóvil; uno se
apoya en un poste de madera
y otro en un vehículo con
el capó levantado.*
William Gedney
1972

Observe esa mirada

Otros ejemplos:
Sebastião Salgado, pág. 17
Richard Avedon, pág. 28
Peter Hugo, pág. 42
Rineke Dijkstra, pág. 64
Richard Renaldi, pág. 67
Dana Lixenberg, pág. 97

En las primeras décadas del siglo XX, el fotógrafo alemán August Sander se propuso realizar un completo registro social de sus compatriotas.

La categorización de las personas, que incluía «El granjero» y «La mujer», puede resultar anticuada hoy en día, pero Sander retrató a todo el mundo con el mismo respeto. Fotografiaba a los sujetos en su entorno habitual con la ropa que solían vestir. Casi todos miran directamente al objetivo y muy pocos sonríen.

No deje que el sujeto se oculte detrás de su sonrisa.

Una sonrisa esbozada para una fotografía es una máscara. Revela timidez y es falsa. Espere a que el sujeto adopte su expresión habitual: la imagen que muestra solo cuando cree que no lo observan. Será perceptible cuando su nivel de alerta baje, así que tómese su tiempo y no tenga prisa en disparar.

La franca expresión de este hombre nos revela una vida de duro trabajo. La seriedad de su mirada muestra algo de él, pero también nos desafía. «Este soy yo —afirma—, ¿pero quién eres tú?» En las fotografías de Sander nadie es solo «El granjero».

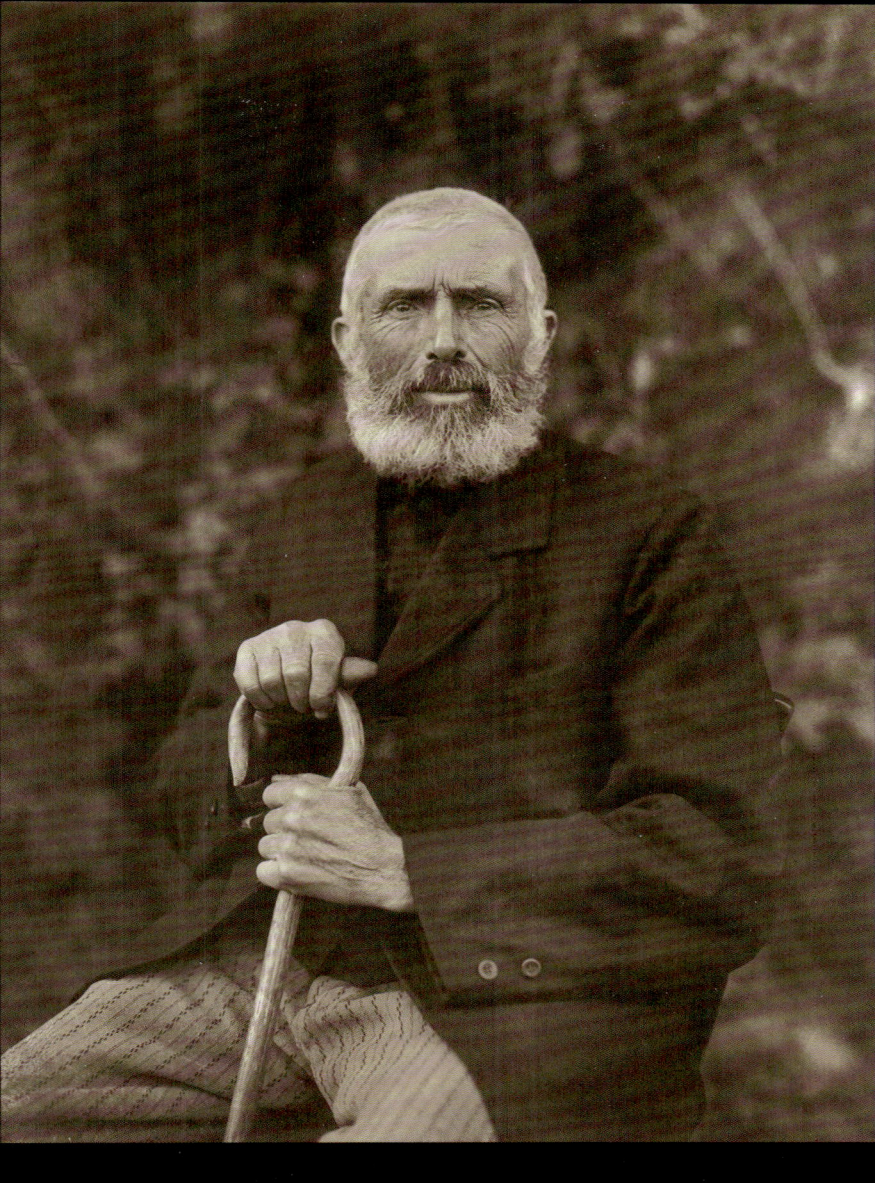

Granjero, 1910
August Sander

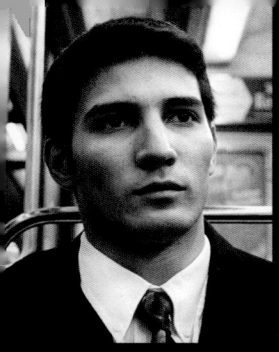
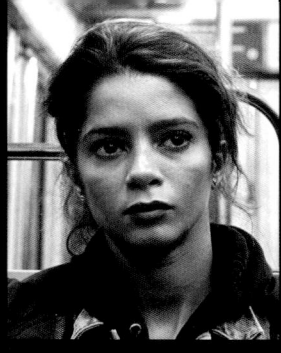
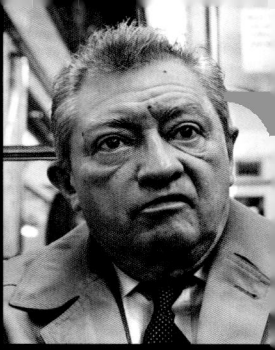
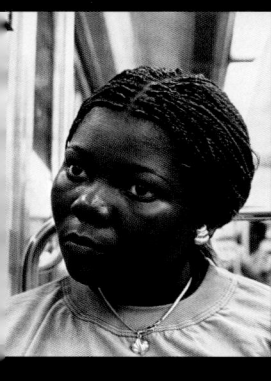
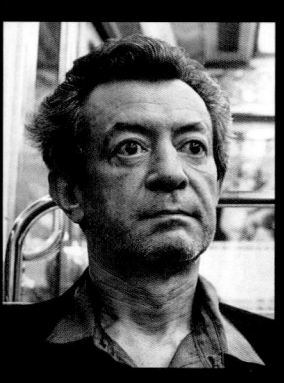
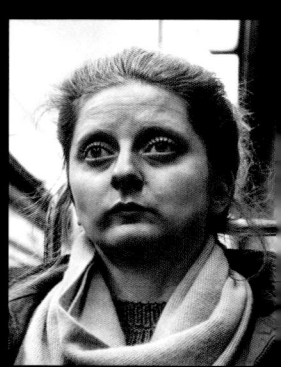

L'Autre (El otro)
Luc Delahaye
1999

¿Qué estás mirando?

Para disponer de ejemplos de expresiones «por defecto» basta con observar las fotografías que Luc Delahaye tomó en el metro de París con una cámara oculta.

Sentado frente a los sujetos, Delahaye capta instantáneas de personas totalmente ausentes del mundo que las rodea. Sentados, mirando cualquier cosa, excepto a otros seres humanos, estos hombres y mujeres parecen cegados por la intensidad de sus propios pensamientos. Es como si su falta de interacción visual con otras personas fuera un ejercicio de meditación para la propia supervivencia.

Una cámara oculta lleva la moralidad de la fotografía al extremo.

Más que cualquier otro género de la fotografía, el retrato está cargado de temas relacionados con la moralidad. Estos, por lo general, surgen del derecho fundamental a mirar y ser observado.

¿Es justo fotografiar a alguien sin su consentimiento? ¿Cómo se debería comportar cuando retrata a una persona? ¿Dónde traza la línea entre lo público y lo privado? Algunas de estas fronteras vienen definidas por la ley, y otras por uno mismo (*véanse* págs. 56-59).

Cuando se fotografía a personas siempre hay que ser muy consciente de las implicaciones morales que comporta esta práctica, aunque solo sea para defenderse uno mismo y sus imágenes en caso de necesidad.

Otros ejemplos:
Keizo Kitajima, pág. 8

Dónde mirar

Otros ejemplos:
Cindy Sherman, pág. 14
Bill Henson, pág. 118
Robert Bergman, pág. 121

Este retrato de Joel Sternfeld me fascina por diversas razones. Hay algo en el escenario, la luz cálida, la forma en que el hombre sujeta su puro y, al mismo tiempo, abraza a su hija, su pelo rubio, la androginia de la juventud y los ceñidos pantalones cortos.

Pero, por encima de todo, me hechizan sus miradas. El hombre mira a la cámara. Su mirada establece una conexión directa con nosotros, pero le da confianza y lo ubica en el «aquí y ahora». Mientras, la niña mira fuera del encuadre. Su mirada, sutilmente elevada, la transporta a otro lugar. En este caso da la impresión de que mira hacia el futuro.

Una mirada fuera del encuadre borra el sujeto del momento.

Si pide al sujeto que desvíe la mirada de la cámara, romperá la conexión directa con el espectador. Esto desplaza la atención del sujeto y la fija en sus pensamientos.

La mirada fuera del encuadre de la niña añade un elemento de incertidumbre. Aunque el arreglado camino que conduce a su casa, en el centro de Estados Unidos, es posible que les ofrezca un santuario, en un «mundo nuevo y salvaje», uno se pregunta qué les deparará el futuro.

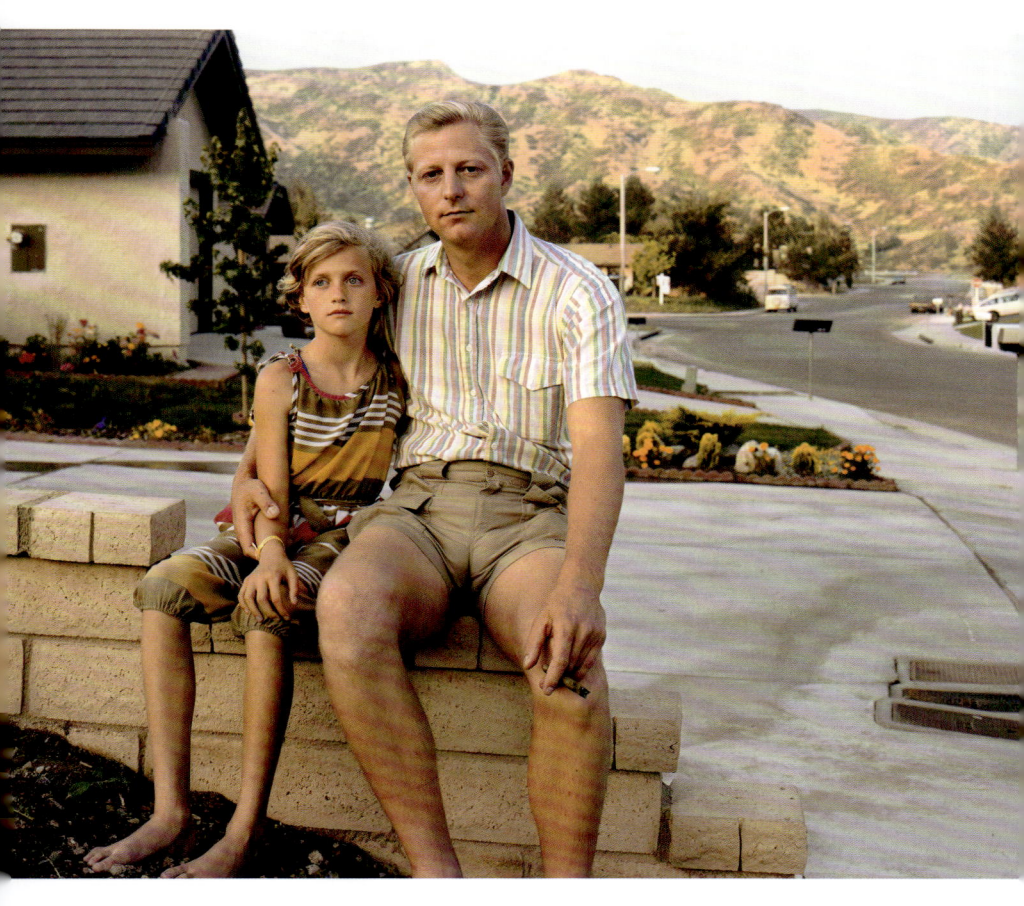

Canyon Country, California
Joel Sternfeld
1983

¿Unidos o divididos?

Otros ejemplos:
Sam Abell, pág. 13
Joel Sternfeld, pág. 51

En este retrato de grupo de los hermanos Lusetti y su madre, tomado por Paul Strand, falta un miembro de la familia.

Fallecido durante la guerra, la ausencia del padre queda implícita por la oscuridad de la entrada que enmarca a su viuda. Ella es la única que mira directamente a la cámara, mientras que las distintas direcciones en las miradas de sus hijos hacen que parezcan desconectados. ¿Es este el retrato de una familia unida, o el de una cuyo vínculo se rompió en el turbulento amanecer de la guerra?

Los mejores retratos de grupo siguen captando la individualidad de cada sujeto.

El enfoque más habitual del retrato de grupo es pedir a todo el mundo que mire directamente a la cámara. Esta mirada compartida une a las personas del grupo, pero también elimina su individualidad.

En lugar de ello, una vez organizado el grupo, deje que cada uno adopte su posición. Permita que se asiente el desinterés. Deje que las miradas y el lenguaje corporal deambulen un poco. Ahora podrá captar un tipo diferente de retrato de grupo, formado por individuos en lugar de por caras en una multitud.

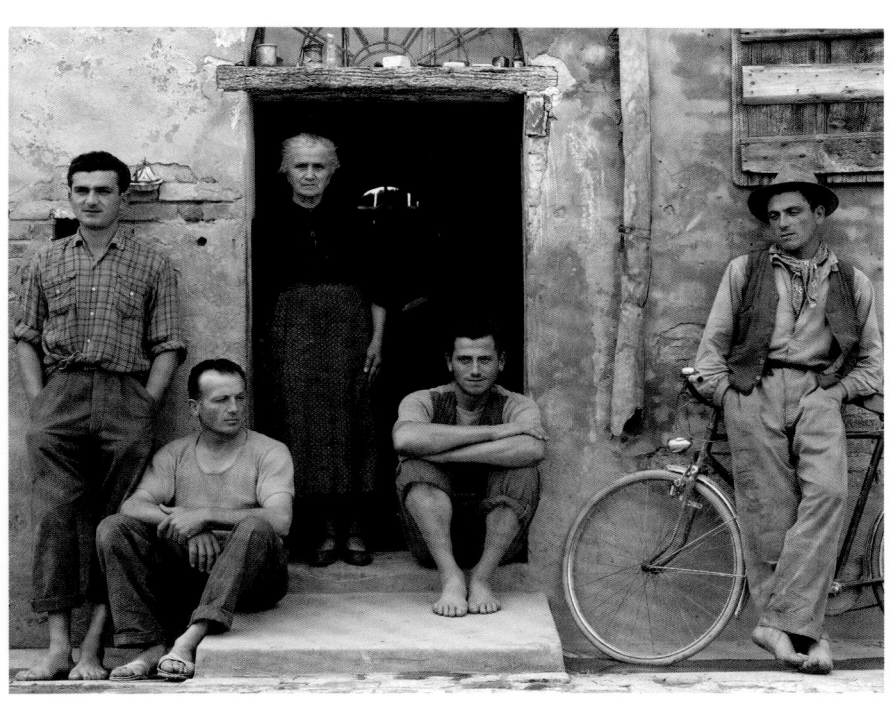

Familia, Luzzara, Italia
Paul Strand
1953

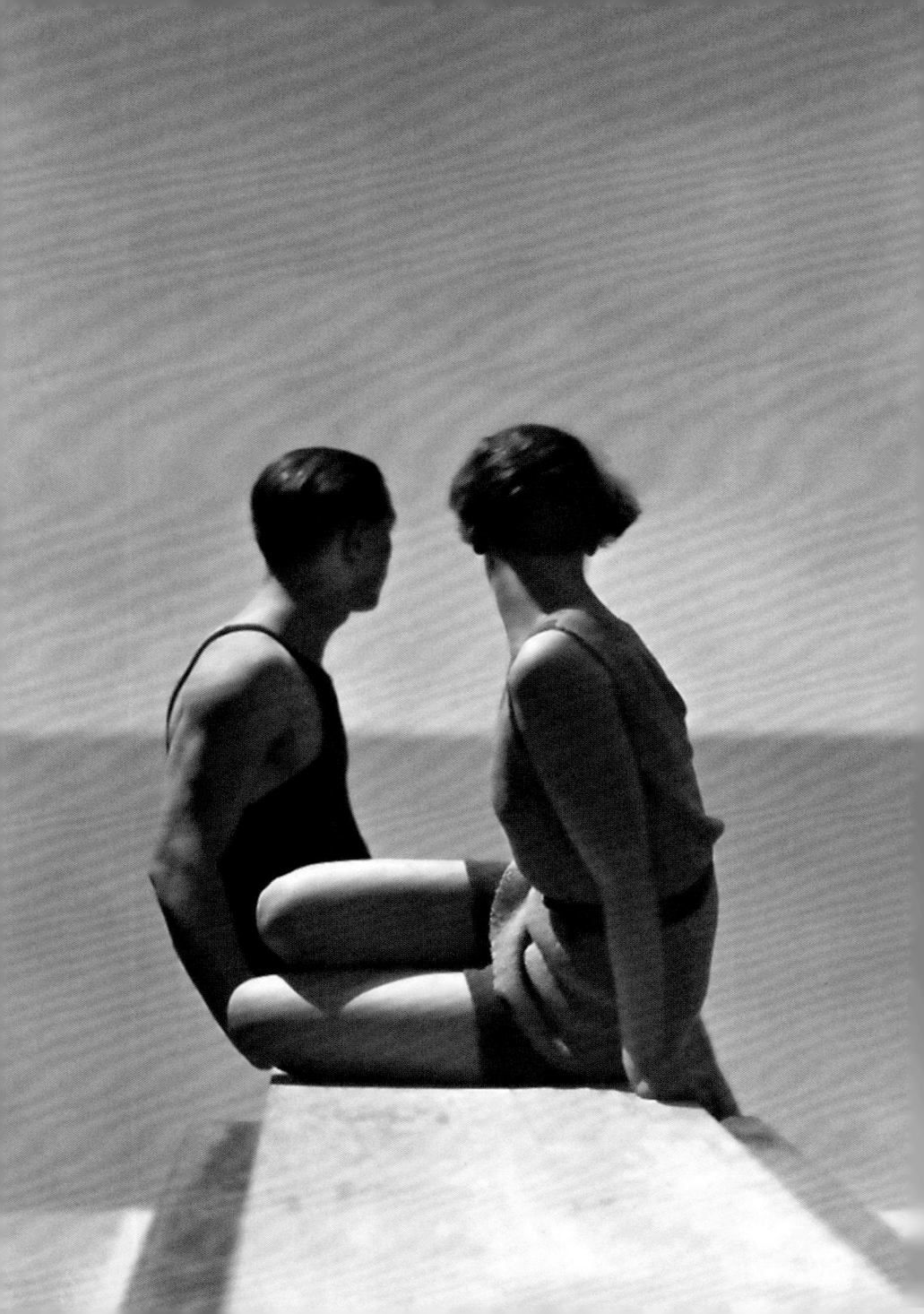

Aparte la mirada

Puede parecer que algo en el mar ha llamado la atención de estos dos bañistas, aunque, de hecho, están mirando hacia un simple fondo que se encuentra en el techo de la oficina de *Vogue* en París.

Aunque he acabado con el juego, sigue siendo fácil perderse en la ilusión de la fotografía de George Hoyningen-Huene. El hecho de que aparten la cabeza de nosotros nos niega el deseo natural de querer saber cuál es su aspecto, y entonces comenzamos a sentir interés por conocer qué están mirando.

Nada en el libro de las reglas dice que el sujeto deba mirar a la cámara.

Cuando una persona está orientada hacia la cámara y mira desde la fotografía, nuestra mirada se encuentra con la suya, lo que significa que solo nos adentramos en la imagen hasta cierto punto.

Pero cuando un sujeto se aleja de la cámara y mira hacia el interior de la fotografía, sucede algo peculiar. Nuestra mirada no es devuelta. En lugar de ello, nos adentramos más en la imagen a través de los ojos del sujeto.

Cuando experimente con esta técnica no piense que el sujeto ha de mirar algo en particular. Es menos importante ser literal que poder crear un ambiente característico mediante preguntas sin respuesta.

Otros ejemplos:
Mike Brodie, pág. 98
Fred Herzog, pág. 116

Bañistas, París
George Hoyningen-Huene
1930

Los ojos de la ley

Es importante tener en cuenta los límites morales cuando se fotografía a personas, pero incluso más significativo es tomar conciencia de los límites legales. Le he pedido a Owen O'Rorke, un especialista en derecho de la propiedad intelectual y medios de comunicación, que nos indique cuáles son los aspectos legales relacionados con el retrato de personas.

¿CUÁNDO DEBERÍA SOLICITAR LA FIRMA DE UN CONTRATO DE CESIÓN DE DERECHOS?

En fotografía comercial (por ejemplo, sesiones de moda y publicidad), la respuesta más segura es «siempre». Pero si el modelo consiente en hacer una sesión fotográfica, y, en especial, si el dinero cambia de manos, entonces, en la mayoría de los países, la existencia de una licencia queda implícita sin necesidad de firmar un contrato.

Lo más difícil es asegurarse de que todo el mundo entienda el propósito y el uso de las fotografías. Para acuerdos comerciales, cuanto más detallado sea el contrato, mejor. Empiece por solicitar un uso libre de derechos perpetuo e irrevocable que cubra todos los medios de comunicación a nivel mundial. A partir de ahí se puede comenzar a negociar los términos del contrato.

Sin embargo, con modelos *amateur* es preferible aclarar lo máximo posible los términos básicos.

Disponer de un contrato de cesión de derechos firmado es útil, pero el contexto de la autorización es tan importante como su contenido. Si la obtiene bajo presión o engaño, puede tener problemas con el contrato. Y los contratos sin pago son siempre vulnerables.

PERO SEGURO QUE FOTÓGRAFOS COMO GARRY WINOGRAND NO PERSEGUÍAN A LA GENTE POR LA CALLE CON UN CONTRATO

Garry Winogrand trabajaba en otra época. No solo están cambiando los conceptos legales de los derechos «personales» (la privacidad en los países de la Unión Europea, los derechos individuales en Estados Unidos), sino que la gente cada vez los conoce mejor. Asimismo, Internet permite que las imágenes viajen por el mundo de un lado a otro, y las personas están aprendiendo a controlar y defender sus derechos.

Pero no tema, esto no significa que este tipo de fotografía de calle ya no sea posible. No existe ninguna ley clara, en ningún lado del Atlántico, que estipule que no se puedan tomar fotografías de personas en lugares públicos. Y tampoco hay ninguna base para reclamar dinero al fotógrafo ni que dicte cómo se puede utilizar una imagen, a menos que esta se explote comercialmente —por ejemplo en publicidad—, en cuyo caso se requiere una autorización. Este tipo de uso se debe diferenciar de cuando la imagen se vende a un periódico, se publica en un libro o se comercializa en una galería, pero pueden seguir existiendo problemas de privacidad o difamación. Y tenga en cuenta que, en el ámbito público, la gente siempre tiene una mayor sensibilidad, además de bolsillos más grandes.

ENTONCES, ¿CUÁLES SON LOS RIESGOS DE FOTOGRAFIAR A PERSONAS «NORMALES»?

Hay bases civiles y penales para reclamar en caso de acoso, algo que todos los fotógrafos de «calle» deberían tener en cuenta. Y es posible que una fotografía sea difamatoria –si sitúa a alguien injustamente (o peor, de manera deshonesta) en un contexto incriminador o perjudicial.

Esto no significa que tengamos la obligación de hacer fotografías *favorecedoras* (en absoluto). Pero los riesgos al respecto pueden no ser obvios de manera inmediata. Un ejemplo podría ser si retrata a alguien en una escena de calle con drogas o prostitución, y resulta que esa persona es un asistente social. Es posible que lo primero que haga ese individuo sea denunciar a la página web o al periódico que haya publicado la imagen, pero entonces, el editor emprenderá acciones legales contra el fotógrafo.

Si considera que puede correr un riesgo similar, trate de obtener una autorización en el momento. Si esto no fuera práctico, tendrá que tomar una decisión acertada basándose en el riesgo y tener la seguridad de que procede de buena fe (lo que le ayudará en futuros casos). Si le preocupa que la imagen pueda ser invasiva o difamatoria, lo más recomendable es que consulte con un abogado.

¿SE APLICAN DIFERENTES NORMAS CUANDO SE FOTOGRAFÍAN NIÑOS?

Sí. Para modelos infantiles se requiere el consentimiento de los padres o tutores. Incluso en lugares públicos, los niños suelen estar más protegidos ante la ley, los códigos de prensa, las leyes privadas, etcétera. Una sesión fotográfica informal de un niño en la calle puede tener mérito artístico, pero un periódico o una revista no deberían publicar las imágenes sin el permiso paterno. Del mismo modo, puede correr riesgos si publica la fotografía de un niño en una página web, en las redes sociales o en una galería en línea.

Vender fotografías de niños de forma privada o a través de una galería supone un riesgo menor, tanto en términos absolutos (menos gente las verá) como en cuanto a responsabilidad (menor invasión de la privacidad). Hasta cierto punto, los riesgos comerciales son de sentido común. Un niño de la calle en una favela es muy improbable que vea un retrato suyo, y más todavía que acuda a un abogado —pero la cuestión moral sigue siendo relevante.

¿CUÁL ES LA DEFINICIÓN DE «ESPACIO PÚBLICO»? (POR EJEMPLO, ¿UN BAR ES UN ESPACIO PÚBLICO?)

El sistema legal del Reino Unido (y el resto de Europa) no menciona la palabra «público», sino que se centra en lo que es «privado». La prueba jurídica es: ¿la persona en cuestión tiene una expectativa razonable de privacidad en las circunstancias en que es fotografiada?

Por ejemplo, un bar está abierto al público, y el hogar no; pero una persona puede estar más protegida (por la ley) de la intrusión de una cámara en una fiesta privada en un bar que si deja entrar en su casa a gente que no conoce durante una fiesta salvaje. Mucho depende de la naturaleza del acto o evento fotografiado, así como del lugar. Esta es una cuestión que sigue manteniendo ocupados a los profesionales de la ley.

¿PUEDE LA POLICÍA O UN CIUDADANO CONFISCAR SU CÁMARA U OBLIGARLE A QUE BORRE UNA FOTOGRAFÍA?

En circunstancias normales, la respuesta debería ser «no». Es raro disponer de una base justificable para poder hacerlo. Pero la experiencia práctica de muchos fotógrafos puede contar una historia diferente.

En la mayoría de los países, la policía tiene el poder de llevar a cabo ciertas acciones si tiene una razón de peso para considerar que contribuirá a la prevención de un acto delictivo. Este delito puede incluir, por ejemplo, la invasión de una propiedad ajena, la vigilancia ilegal o una amenaza a la seguridad nacional. Esto se puede ampliar (por ejemplo, en el Reino Unido) a la sospecha de que la cámara en cuestión contenga pruebas importantes de un delito.

Del mismo modo, un ciudadano puede defenderse de un posible delito —como romper la cámara de un fotógrafo— si tiene la misma sospecha.

Obtener una compensación o la devolución de la cámara puede convertirse en una experiencia frustrante; por ello, lo más adecuado es buscar el asesoramiento de un abogado. Asegúrese de que tiene el nombre, el número y los datos de cualquier miembro de la policía implicado (y un recibo).

¿EXISTE ALGUNA LIMITACIÓN SOBRE LA IMAGEN SI EN LA ROPA FIGURAN NOMBRES DE MARCAS COMERCIALES?

Por lo general, los derechos de una marca comercial no se infringen si su uso es incidental u honesto y solo identifican los artículos que aparecen en la imagen. Así que para la mayoría de los usos artísticos o periodísticos, no debería haber ningún problema si aparecen marcas o nombres comerciales en las fotografías, pero un uso comercial más amplio de dichas imágenes sería arriesgado.

Owen O'Rorke, de Farrer & Co., es especialista en medios de comunicación y propiedad intelectual en el Reino Unido, y se dedica a la redacción de contratos y demandas legales en el ámbito de los derechos de imagen.

Tenga en cuenta que todos los casos dependen de los hechos, y lo que se ha indicado no constituye asesoramiento legal, sino que representa una serie de consejos según el estado actual de la ley en términos generales. Diferentes jurisdicciones aplican la ley de forma distinta. Si tiene alguna duda, busque siempre asesoramiento legal.

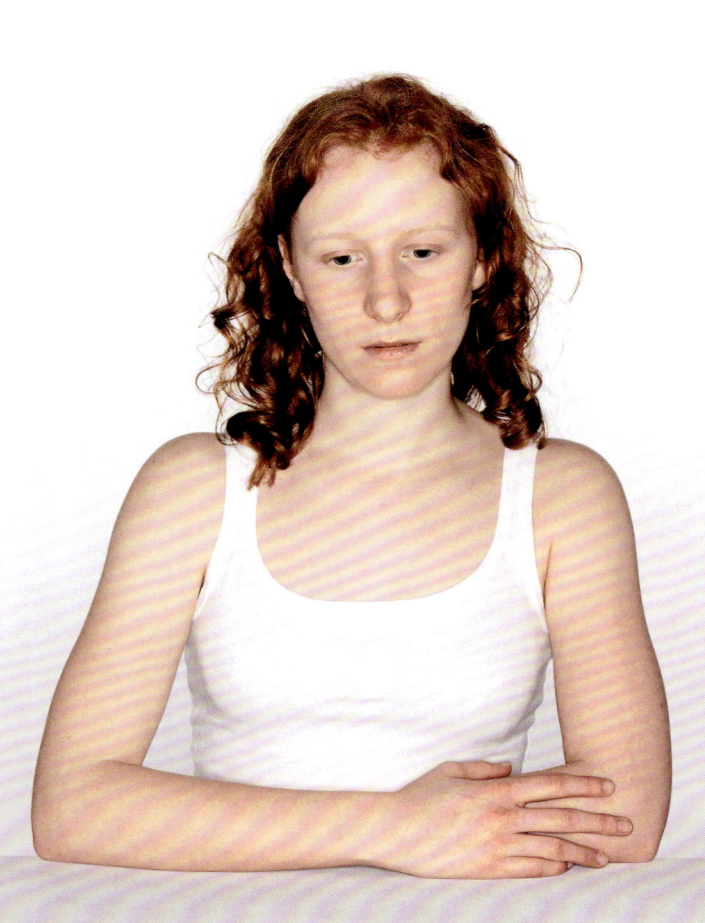

Qué botones
hay que pulsar

Cuando a un fotógrafo le preguntan cómo capta retratos reveladores o aparentemente veraces, a menudo contesta lo siguiente: «Es importante que el sujeto esté relajado. Se ha de sentir cómodo conmigo». Todo esto está muy bien, pero hay otra forma de traspasar la fachada del sujeto.

Con técnicas elaboradas —desde muy sutiles y alegres hasta aquellas que rayan lo cruel— es posible anular los comportamientos sociales que el sujeto ha aprendido y mostrar una vertiente más veraz de su personalidad, que, por lo general, reprime.

El propósito del retrato no siempre es que el sujeto se sienta cómodo.

Para su serie «Alina», Bettina von Zwehl invitó a varias mujeres a que se sentaran en una estancia totalmente oscura y a que escucharan *Für Alina*, una pieza muy emotiva de música clásica. Durante la sesión, von Zwehl disparaba inesperadamente un flash cegador y captaba un retrato. El flash destellaba tan rápido que la modelo no tenía tiempo de reaccionar, por lo que quedaba registrada en un estado de profunda y solitaria contemplación. En muchos aspectos, las mujeres seguían estando solas en la oscuridad.

Para ser un buen fotógrafo de retrato —en especial si le gustan los retratos posados— ha de ser un maestro de la manipulación. Debe saber cómo interactuar con el sujeto para obtener justo lo que desea.

N.° 5
de la serie «Alina»
Bettina von Zwehl
2004

Mostrar el subconsciente

Otros ejemplos:
Philip Haynes, pág. 34
Gillian Wearing, pág. 87

Durante sesiones prolongadas y formales, Philippe Halsman, en algunas ocasiones, salía de detrás de su cámara y, con una calculada timidez, invitaba a su célebre modelo a que diera un salto.

Halsman considera que cuando alguien salta, el lado inconsciente de su mente toma el control y lo impulsa a que actúe de una forma natural. En algunos casos, los sujetos se abrazaban las rodillas y se encogían adoptando una posición fetal. En otros, se estiraban en un desesperado intento por alcanzar el cielo, como hace aquí Robert Oppenheimer, el creador de la bomba atómica.

Un buen fotógrafo es como un psicólogo que sabe cómo sonsacar la verdad a un paciente.

Para «obtener» algo del sujeto es necesario que mantenga el control, al mismo tiempo que se gana su confianza. Si le invita a que haga algo divertido —como saltar, hacer un garabato o mantener la respiración—, conseguirá alejar su mente del acto fotográfico. Esto también ayuda a desarrollar una relación, en especial si se une a la interpretación.

Sin duda, la simple propuesta de Halsman debió tomar por sorpresa a más de un modelo —los presidentes y los miembros de la realeza no «saltan» para nadie—. Pero todos lo hicieron. ¿Y por qué no iban a hacerlo? Después de todo, Philippe tenía un aspecto inofensivo.

Robert Oppenheimer saltando
Philippe Halsman
1958

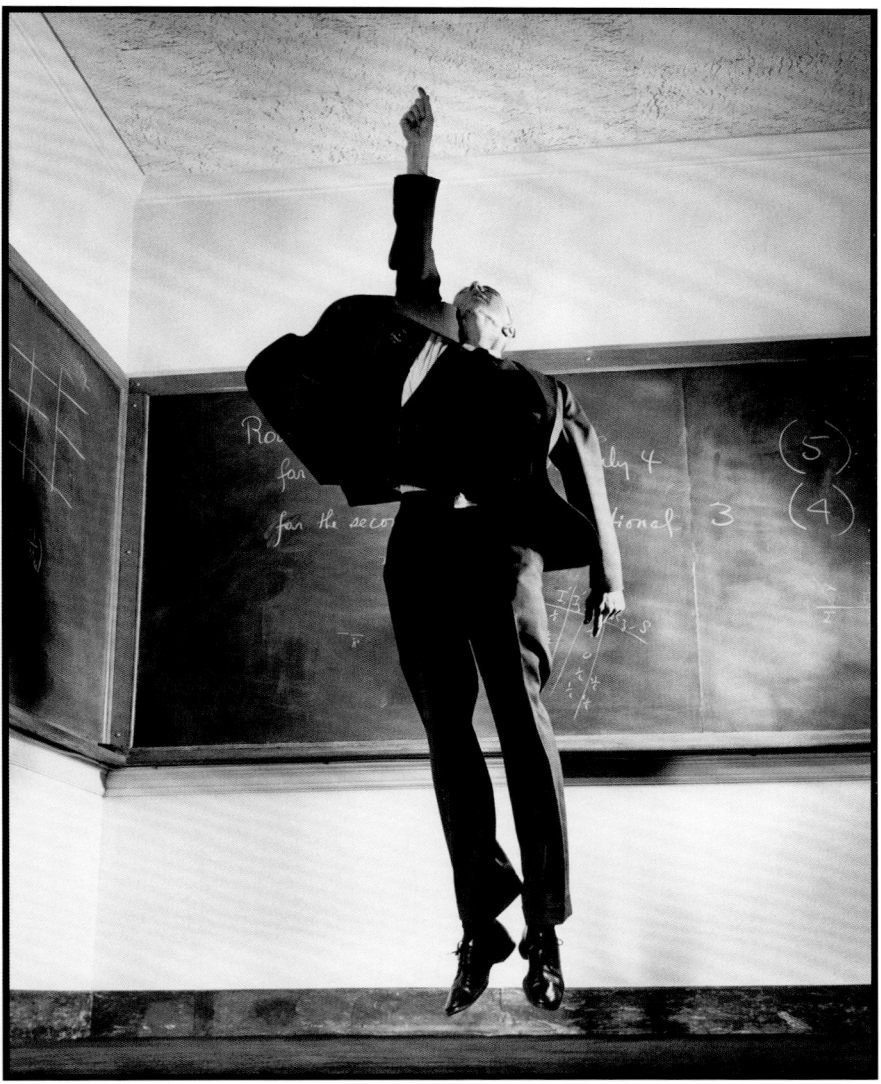

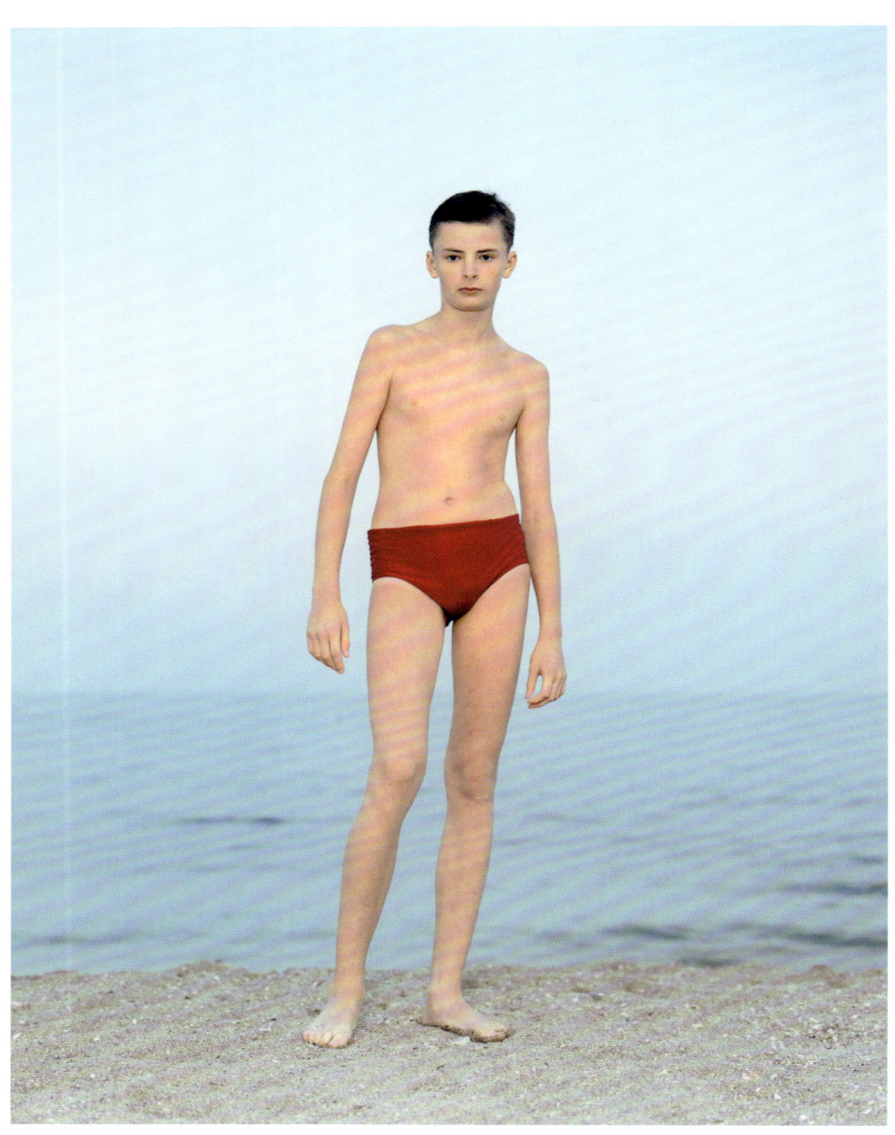

Odessa, Ucrania
de la serie «Retratos
en la playa»
Rineke Dijkstra
1993

El sutil arte de la intimidación

Sobre el fondo azul pálido de cielo y agua, un niño solitario posa de manera desgarbada en una playa. Sus miembros pubescentes cuelgan del cuerpo como espaguetis. Por supuesto, el niño posa de buen grado para Rineke Dijkstra, pero se hace patente que no se ha hecho ningún esfuerzo para que se sintiera cómodo y relajado delante de la cámara.

Dijkstra construye sesiones formales en espacios públicos siguiendo eventos que tienen una gran carga emocional, como un parto, para retratar personas cuando se sienten más cohibidas y vulnerables.

En su serie «Retratos en la playa», Dijkstra organizó a varios sujetos adolescentes en lugares públicos, vestidos únicamente con traje de baño. Luego los fotografió a un ritmo pausado desde detrás de una cámara de gran formato montada en un trípode y un flash sobre un soporte.

El modo en que se construya y dirija una sesión fotográfica influirá en el comportamiento del sujeto.

¿Fotografía al sujeto en un lugar público o privado? ¿Lo hace rápido, de forma que el nivel de energía permanezca alto, o se toma su tiempo y permite que el sujeto se entretenga delante del objetivo? Estas son decisiones que se toman basándose en lo que se desea conseguir del individuo.

No se trata de ser desagradable. Lo importante es desempeñar un papel como fotógrafo. Y es un papel. Si quiere captar retratos verdaderamente buenos, algunas veces tendrá que fingir que es otra persona.

Otros ejemplos:
Paul Strand, pág. 53
Bettina von Zwehl, pág. 60
Jemima Stehli, pág. 72

Poses

Otros ejemplos:
Philippe Halsman, pág. 63
Rineke Dijkstra, pág. 64
Jemima Stehli, pág. 72

Me pregunto de qué se conocen estas dos personas. Quizás sean vecinos o compañeros de trabajo. O tal vez los reunió un suceso casual de la vida. Hay algo en su pose que no acaba de encajar.

De hecho, entre ellos no existe ninguna relación. Para su proyecto «Tocar a desconocidos», Richard Renaldi convence a gente que conoce en la calle para que abandonen su zona de comodidad posando de forma íntima con alguien desconocido. Los resultados son misteriosos. Algunas personas se las arreglan para parecer viejos amigos, mientras que entre otras el lenguaje corporal es más complicado.

No elimine los matices físicos del sujeto, ya que es lo que le muestra tal como es.

En fotografía de retrato existe una serie de reglas sobre cómo deben posar las personas, qué deben hacer con las manos, etcétera. Estas normas son adecuadas para retratos corporativos de primer plano, porque están pensadas para eliminar cualquier huella de la individualidad personal. Pero eso no es lo que buscamos, ¿verdad?

Aquí, en lugar de convertir al sujeto en algo que no es, Renaldi hace exactamente lo opuesto. Lo extraño de la situación forzada extrae algo muy personal de las personas a las que retrata. Lo que su lenguaje corporal revela de forma inconsciente es su capacidad (o incapacidad) para relacionarse con desconocidos.

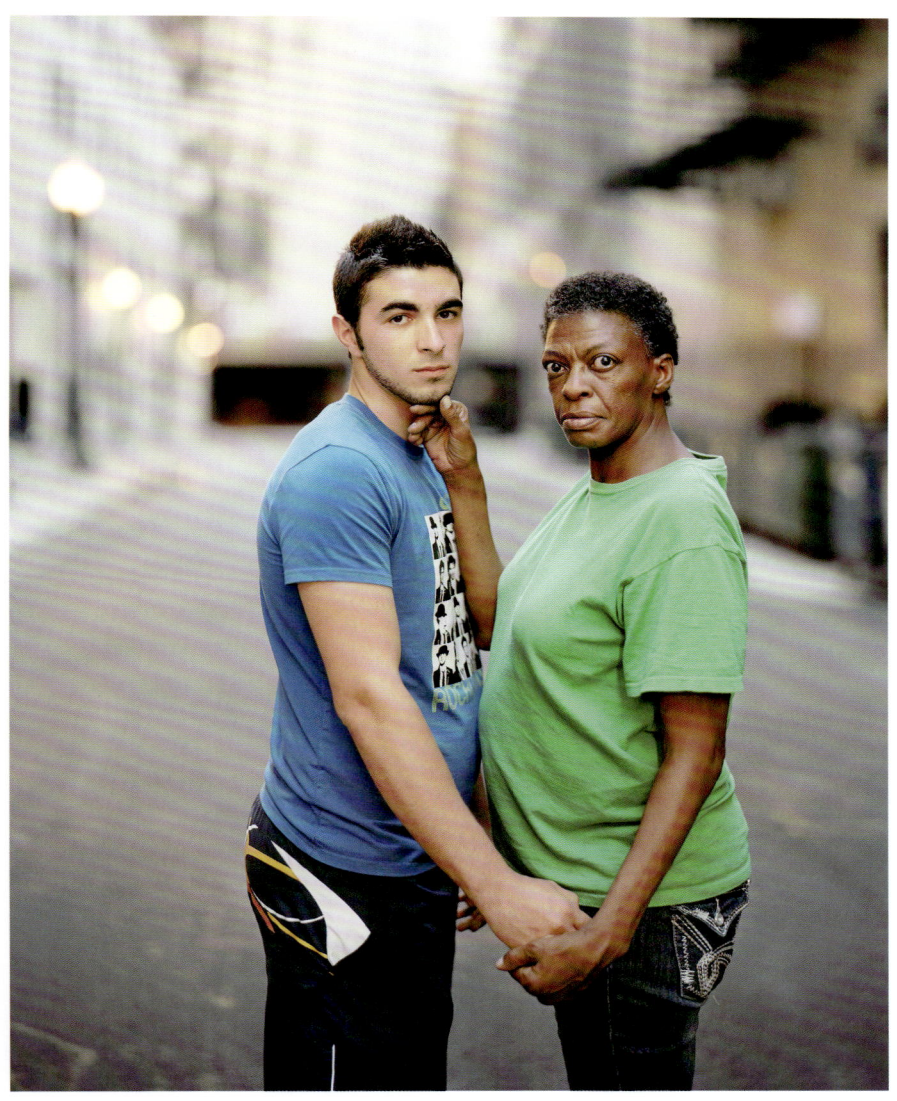

Andrea y Lillie:
Chicago, Illinois
Richard Renaldi
2013

Autocontrol

Otros ejemplos:
Cindy Sherman, pág. 14
Tehching Hsieh, pág. 70
Jemima Stehli, pág. 72
John Coplans, pág. 92

En este autorretrato, uno de los primeros que se conocen, Hippolyte Bayard se fotografió a sí mismo con el torso desnudo, pálido y aparentemente abandonado para que se descompusiera, con el fin de expresar su angustia por el hecho de que le hubieran ignorado como uno de los inventores clave de la fotografía. Ese honor se le otorgó a otro ciudadano francés, Louis Daguerre. Pero todo no estaba perdido, ya que la «muerte» de Bayard supuso el inicio de lo que parece que es el propósito actual de la fotografía: el *selfie*.

En realidad, el único sujeto sobre el que se puede tener un control absoluto es uno mismo.

A primera vista, la idea de fotografiarse uno mismo parece un poco extraña. Pero no piense en ella como en el acto de hacerse una fotografía. En lugar de ello, piense en sí mismo como en una marioneta en un escenario que puede controlar y construir para decir exactamente lo que quiere.

De hecho, los autorretratos más duraderos rara vez son solo de la persona que aparece en la imagen. Hablan de temas más amplios. El autorretrato de Bayard continúa vivo después de dos siglos porque no solo trata de él. Profundiza en una de las angustias más comunes de la sociedad: el miedo a ser olvidado.

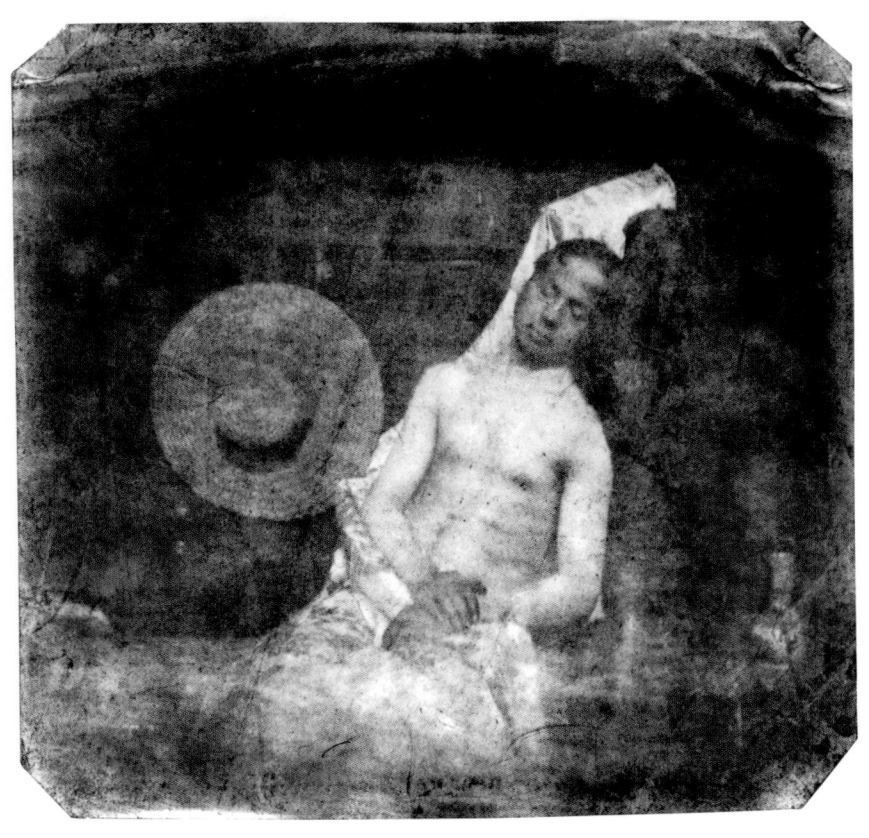

Autorretrato como
hombre ahogado
Hippolyte Bayard
1840

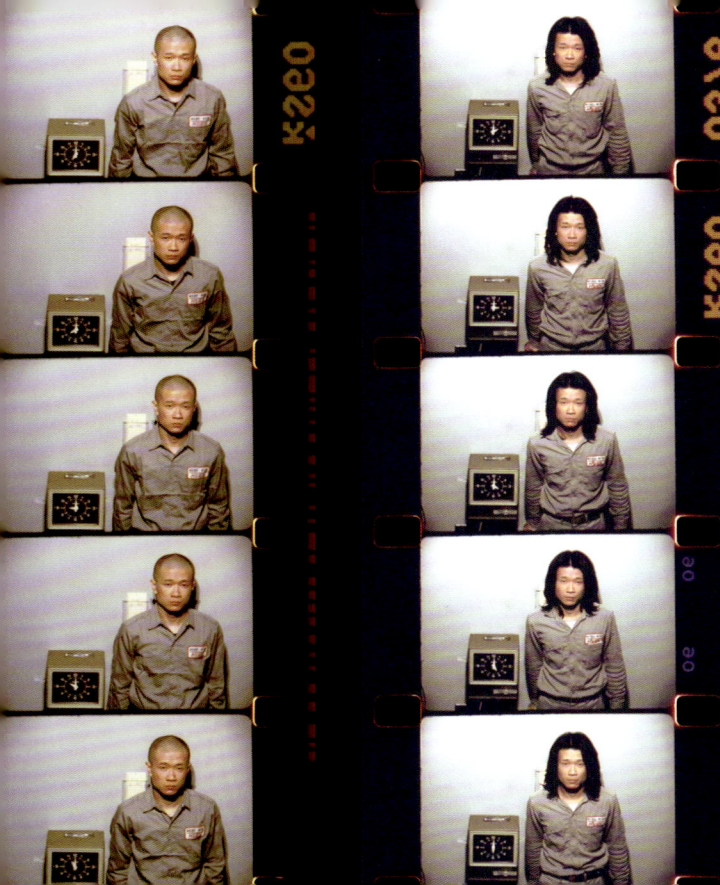

Igual, pero diferente

Parece un prisionero, y, en cierto modo, lo es; de sus propias acciones. Cada hora, durante un año entero, Tehching Hsieh se colocaba junto a un reloj montado en la pared de su estudio y se hacía un retrato.

Otros ejemplos:
Duane Michals, pág. 106

Es posible pensar «¿Qué sentido tiene?», pero ese es precisamente el motivo. Al llevar a cabo una tarea tan fútil por propia voluntad, Hsieh analiza la idea de que, para muchos, la vida es una rutina de trabajo sin recompensa de la que no se puede escapar.

La consistencia es la clave cuando se fotografía a un sujeto a lo largo del tiempo.

Hsieh nos ofrece un punto de vista diferente de la idea de control. El éxito del trabajo reside en su rígida consistencia —un autorretrato tomado cada hora durante un año—. Cada uno muestra el reloj a la izquierda y a Hsieh a la derecha. La única diferencia es la longitud de su cabello, que de manera intencionada se rasuró al inicio del proyecto para que destacara el paso del tiempo.

Si se fotografía el mismo sujeto a lo largo del tiempo es necesario mantener cierta consistencia. Al adherirse a una «estructura conceptual», o reglamento, se enfatizan los cambios en el sujeto en lugar de los que se producen en la técnica.

Interpretación a lo largo de un año
Tehching Hsieh
1980-1981

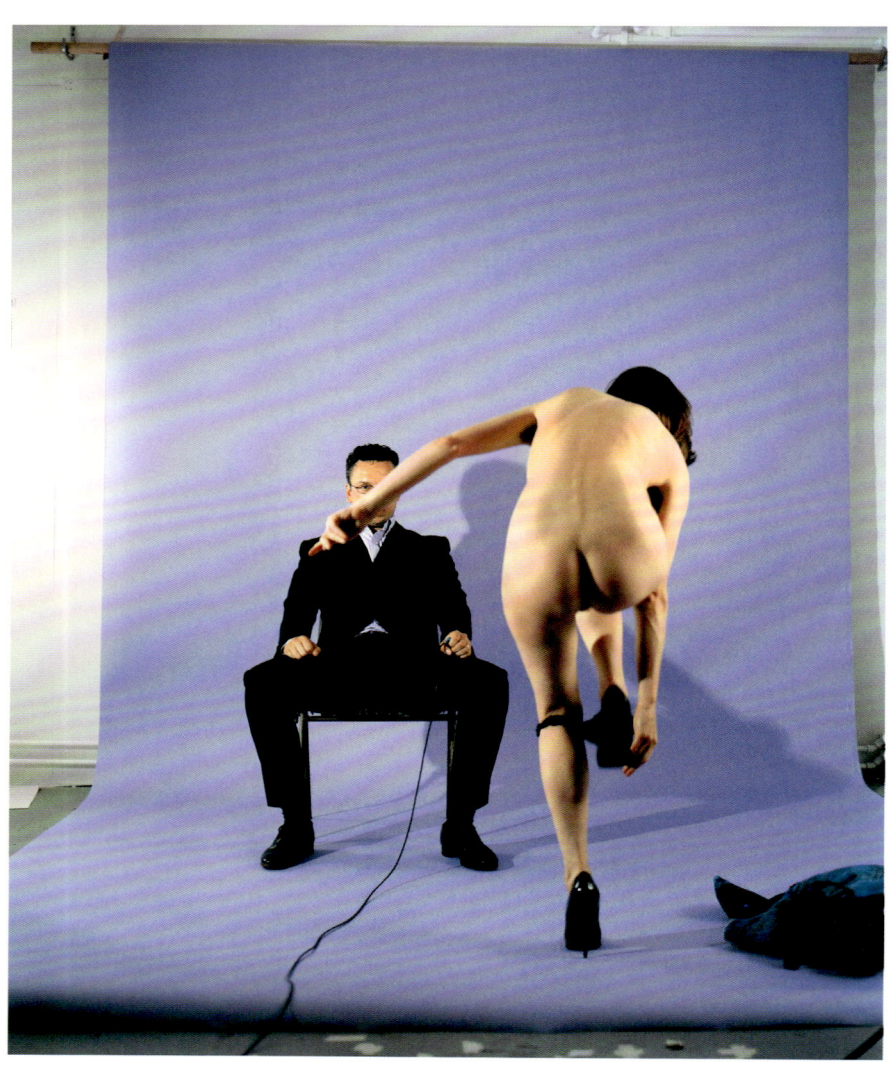

Strip n.° 5, Hombre de negocios
Jemima Stehli
1999

¿Quién desea hacer las fotografías?

Para su serie «Strip», Jemima Stehli invitó a influyentes figuras masculinas del mundo del arte a su estudio, donde ella se desnudaba. Mientras se quitaba la ropa, los hombres tomaban fotografías. Pero al hacerlo también se fotografiaban ellos mismos, lo que creaba una incómoda oscilación de poder y control.

Este «hombre de negocios» se muestra desafiante con su traje negro, con los puños cerrados y las piernas separadas. Pero la humedad en sus cejas y el hecho de que decide tomar la fotografía cuando su cara está parcialmente oculta narran una historia diferente.

La fotografía de estudio es el mejor escenario para ejercitar un control absoluto.

En lugar de ser solo un espacio adecuado para tomar fotografías, el estudio es un lugar donde uno es capaz de crear algo desde cero en un entorno controlado. Luces, accesorios, fondos y modelos, todo puede ser tal y como se desea. A los ojos del modelo, esto confiere al fotógrafo el control inmediato de la situación.

Les gustara o no, los hombres que aparecen en los retratos de Stehli se vieron obligados a adentrarse en su mundo y a su manera. Ella era la que se quitaba la ropa, pero ¿quién cree que deseaba hacer las fotografías?

Otros ejemplos:
Bettina von Zwehl, pág. 60
Bill Brandt, pág. 101
Hendrik Kerstens, pág. 113

Psicología de la cámara

Fotografiar a personas es un juego psicológico, y la elección de la cámara afecta al comportamiento del fotógrafo y del sujeto. Cuando elija una cámara no se obsesione únicamente por la calidad de la imagen. También debería considerar sus implicaciones psicológicas.

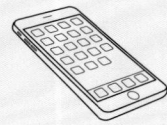

Teléfono con cámara

Es tan común en nuestra vida cotidiana que la gente no suele advertir o dar importancia a que alguien haga retratos con un teléfono. Después de todo, un fotógrafo serio con intenciones serias se supone que utilizará una cámara seria. Dígale esto al fotógrafo Benjamin Lowy, que documentó los conflictos en Libia y Afganistán con su teléfono móvil, precisamente por esta razón.

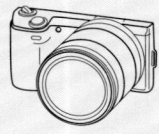

Cámara sin espejo (CSC)

Las cámaras CSC, gracias a su tamaño reducido y a la posibilidad de cambiar de objetivo, resultan ideales para captar escenas inesperadas. Pero la mayoría no tiene visor, lo que obliga a sujetar la cámara a cierta distancia. A los ojos del sujeto esto no da una imagen de fotógrafo serio. Dependiendo de lo que busque, esta aura amateur puede jugar a su favor o acabar con su autoridad.

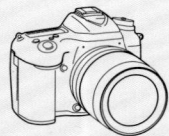

Cámara réflex digital (DSLR)

Las cámaras DSLR cuentan con visor óptico, y el acto de mirar «dentro» de la cámara, en lugar de «a» la cámara (como en los teléfonos móviles y las cámaras CSC), proporciona una experiencia fotográfica más íntima. Pero las DSLR ocultan la cara del fotógrafo, lo que puede producir la impresión en el sujeto de que es una presa. Para Joe Public, una DSLR es la cámara de un profesional, por lo que la gente es consciente cuando le hacen una fotografía.

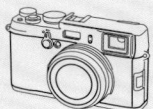

Cámara telemétrica

Silenciosas, ligeras y portátiles, son las favoritas de los fotógrafos de calle. Desde un punto de vista operativo, el visor está ubicado en un lado del cuerpo, lo que permite componer la imagen con un ojo y, al mismo tiempo, observar toda la escena con el otro ojo. Esto proporciona una experiencia fotográfica mucho más «fluida», al mismo tiempo que permite que el fotógrafo sea más rápido y que llame menos la atención.

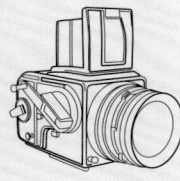

Cámara réflex de formato medio (SLR)

Ahora estamos subiendo, no solo en cuanto a calidad de imagen, sino también con respecto a aura profesional. Aunque estas cámaras todavía se pueden sujetar a pulso, el visor a nivel de la cintura y el funcionamiento general obligan a disparar a un ritmo más lento y a seguir un enfoque más meditado. Para el sujeto, si el fotógrafo utiliza una cámara «inusual» como esta, ha de ser un profesional con muchos clientes.

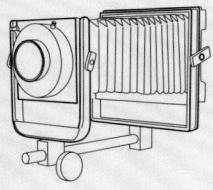

Cámara de gran formato

Su calidad de imagen insuperable, su tamaño y su funcionamiento lento y metódico proporcionan una experiencia fotográfica muy diferente, tanto para el sujeto como para el fotógrafo. Su tamaño separa al fotógrafo del sujeto, tanto física, como a veces también emocionalmente. Su uso requiere paciencia en todos los aspectos, ya que nada acaece con rapidez con una cámara de gran formato. Pero colóquese detrás de una estas cámaras y no habrá ninguna duda de quién controla la situación.

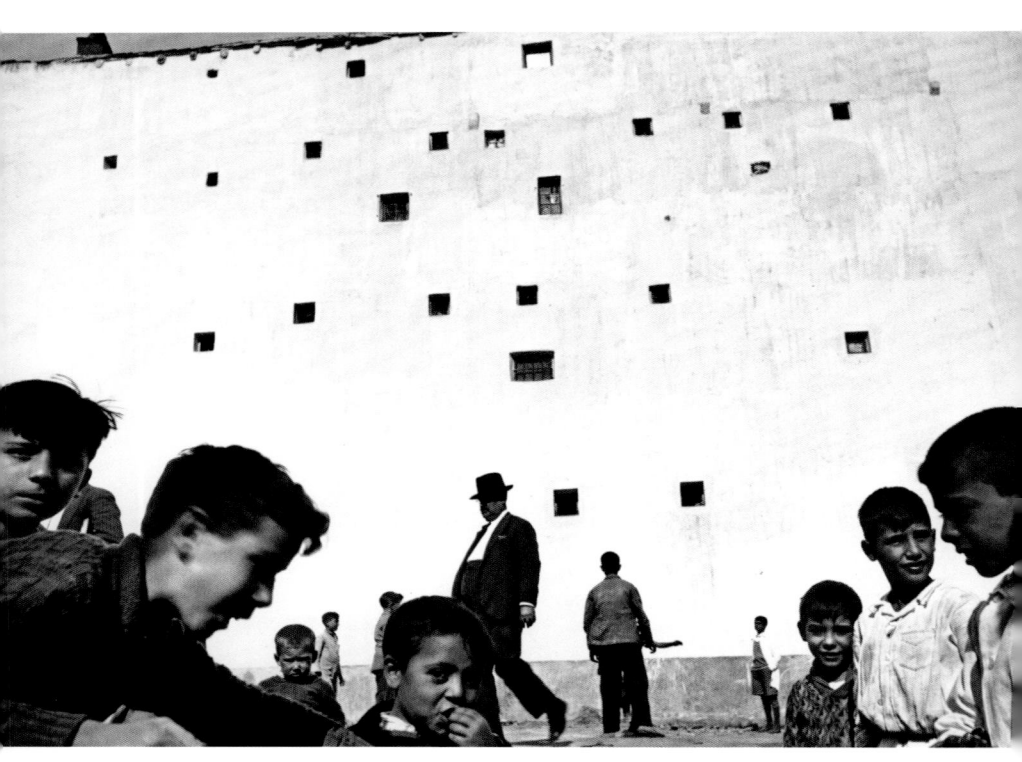

Madrid
Henri Cartier-Bresson
1933

Está fuera
de su control

Cuando se redujo el tamaño de las cámaras, el mundo del fotógrafo se magnificó. Cargados con sus discretas cajas mágicas, los fotógrafos comenzaron a deambular con sigilo por las calles de las ciudades, captando una realidad alternativa de efímeros momentos humanos.

Aquí, uno de los padres fundadores de la fotografía de calle, Henri Cartier-Bresson, nos muestra exactamente lo que quiere decir con su expresión «el instante decisivo». Ventanas de diferentes tamaños flotan por encima del bullicio como una serie de notas musicales. Como si fuera ingrávido, un hombre gordo oscila en el centro del encuadre. Entre los niños, solo uno encuentra el ojo del fotógrafo —él completa el cuento.

Captar momentos fugaces en la calle depende de saber aprovechar la suerte.

Siempre hay que ir un paso por delante, analizando y anticipando el mundo mientras se despliega ante nosotros. Hay que viajar ligero, sin trípode y sin un equipo voluminoso. Entrene la vista para ver a la gente en el contexto del primer plano, la distancia media y el fondo. Sea ágil; cuando detecte algo, persiga el momento como si su vida dependiera de ello.

El enfoque de Cartier-Bresson todavía está vivo en la base de la fotografía de calle, pero igual que los fotógrafos que vamos a analizar a continuación, puede moldear y adaptar su técnica mientras intenta conseguir sus propias e igualmente únicas fotografías de gente en la calle.

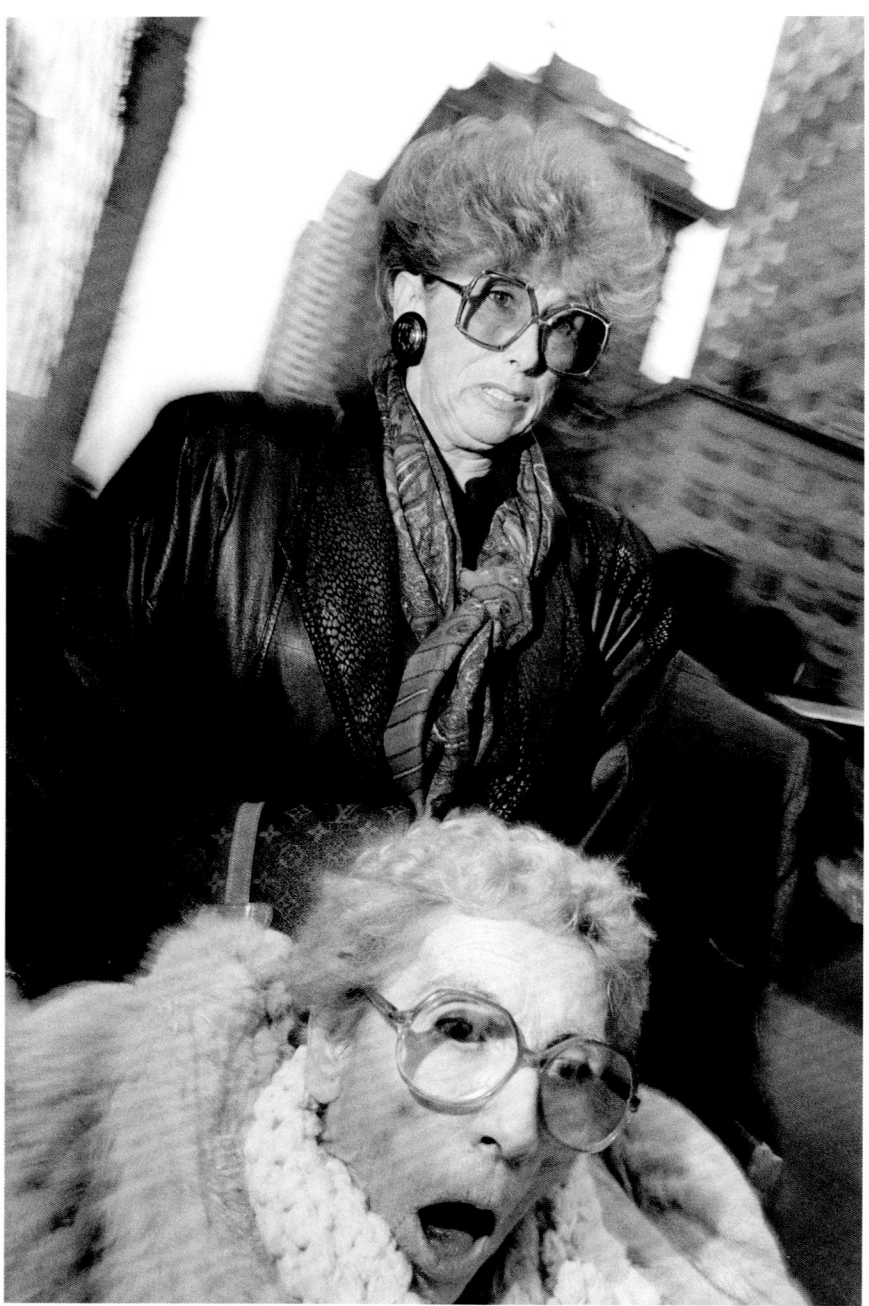

Asalte al sujeto

El enfoque de Bruce Gilden con respecto a la fotografía de personas en la calle es completamente opuesto al de Cartier-Bresson. En lugar de aprovechar la casualidad, Gilden apuesta por crear la escena.

Atraído por las rarezas y las excentricidades de Nueva York, Gilden se abalanza sobre los transeúntes, los golpea con un flash mareante y les arrebata las fotografías como un atracador. Por ello, estas dos mujeres parece que han sido retratadas mientras se encontraban en una montaña rusa y no durante un paseo por la Quinta Avenida.

Deje que su propia personalidad alimente sus retratos.

Algunos prefieren acechar a sus confiados sujetos desde lejos (francotiradores). Otros se acercan y les gusta establecer algún tipo de relación (agentes secretos). Luego están los que actúan como una flecha, disparan de cerca y huyen (asesinos).

Gilden se alimenta de la excitación de pillar a la gente por sorpresa. Es lo que hace que se levante por la mañana. Es lo que le proporciona la motivación para seguir tomando fotografías. En definitiva, es lo que hace que su trabajo sea tan individual y único. Si se conoce y sabe qué lo motiva, descubrirá su propio sistema para fotografiar a los otros.

Ciudad de Nueva York
Bruce Gilden
1990

Fotografiar peces en una pecera

Otros ejemplos:
Luc Delahaye, pág. 48
Robert Doisneau, pág. 82

Lo llamaban «Weegee», como en el juego de la Ouija, por su aparente habilidad para predecir las oportunidades fotográficas. En su caso, los momentos posteriores a horrorosos asesinatos en las calles de Nueva York.

En esta fotografía, titulada, de manera morbosa, *Su primer asesinato,* Weegee capta una amplia variedad de emociones humanas. Mientras un grupo de ansiosos jóvenes luchan por echar un vistazo a los detalles sangrientos, su excitación suaviza la angustia de una inconsolable mujer. Y si nos guiamos por este aspecto inquisidor que presenciamos en el primer plano, nosotros no somos mucho mejores que ellos. Los pervertidos mirones de los pervertidos mirones.

Los momentos decisivos se encuentran en su punto álgido cuando todo el mundo es culpable de mirar.

Algunos fotógrafos se sienten felices merodeando por las calles en busca de sus momentos decisivos. Otros van directamente a los puntos calientes —eventos públicos y espectáculos—. En esos lugares, los sujetos potenciales están tan distraídos que no se fijan o no les importa que alguien tome fotografías.

Weegee sentía una intensa atracción por las escenas de crímenes porque sabía lo que iba a encontrar: un cautivador drama de ley y desorden creado por la policía, el público y los perpetradores. Quizá telepatía —pero tal vez también le resultaba útil la radio de policía que llevaba en su automóvil.

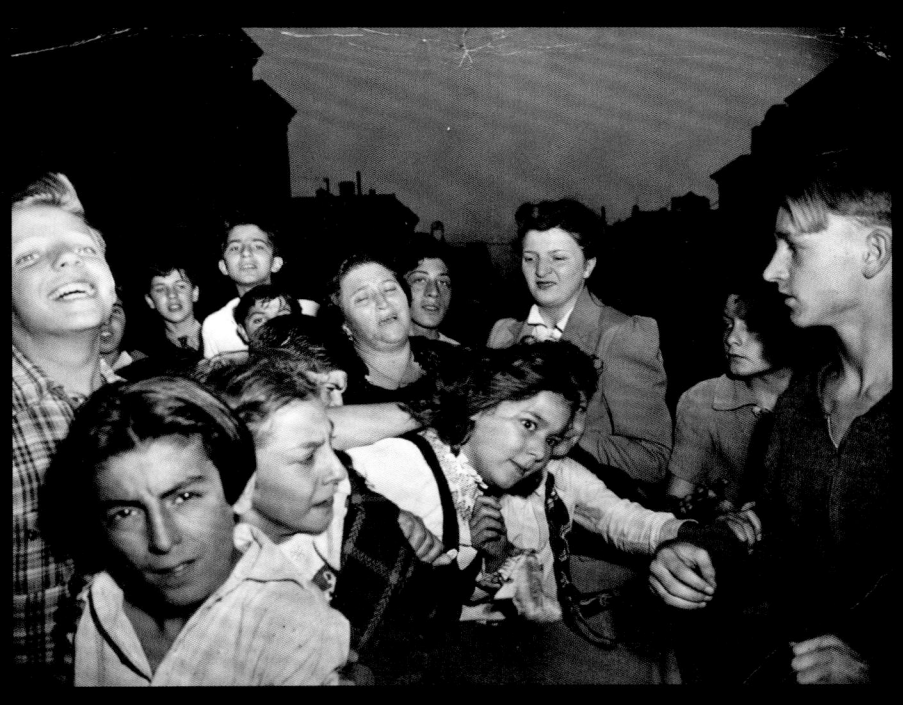

Su primer asesinato
Weegee
1941

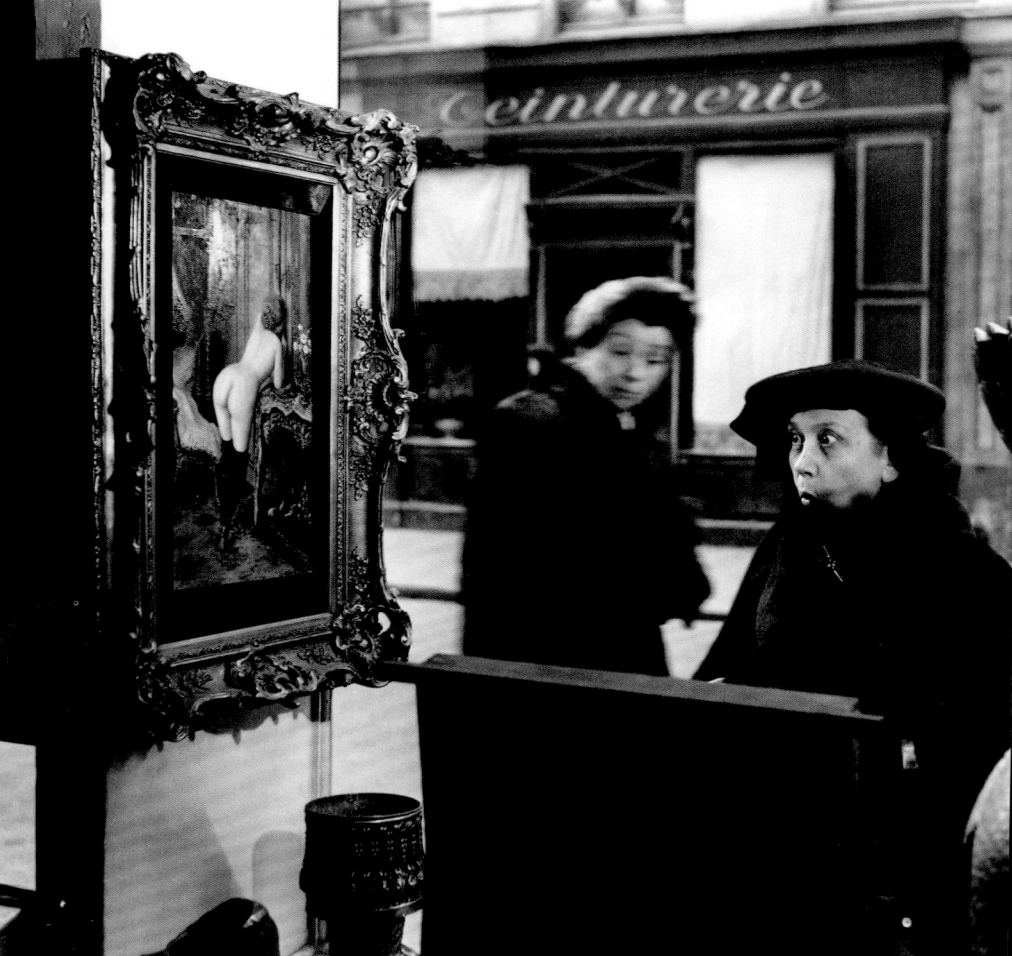

Prepárese y espere

En la década de 1940, el valiente propietario de una galería de París colgó este picante cuadro en su escaparate. Solo fue cuestión de tiempo que captara el ojo desaprobador de una mujer mojigata.

Para Robert Doisneau, esta escena creaba una irresistible oportunidad fotográfica. Se metió en la galería, oculto de la vista de los transeúntes. Doisneau compuso la fotografía de manera anticipada, situando el cuadro a la izquierda del encuadre y una ventana vacía a la derecha. Todo lo que tenía que hacer era esperar.

Otros ejemplos:
Otto Steinert, pág. 85

Busque el lugar adecuado y la acción aparecerá.

La gente interactúa constantemente con los espacios urbanos de las formas más extrañas. Esperar en un lugar permite colocarse con anticipación y estar preparado delante del objetivo para cuando se despliegue la acción. Es una técnica tan antigua como la propia fotografía de calle.

Escaleras, carteleras, esquinas, cruces para peatones, obstrucciones en la carretera: todos estos ejemplos son fondos y escenarios perfectos. Y, lo mejor de todo, los confiados sujetos ni siquiera sabrán que forman parte de la representación.

Mujer ofendida
Robert Doisneau
1948

Momentos en desarrollo

En la fotografía de Otto Steinert, el árbol aparece nítido, tan indeleble como durante los muchos años que ha ido crecido poco a poco en este lugar. Como contraste, un transeúnte —siempre en movimiento— aparece como una mancha borrosa; solo un pie resulta discernible cuando entra en contacto con el suelo antes de ser arrancado por su propio movimiento.

Utilice velocidades de obturación lentas para captar la sensación del paso del tiempo.

Con bastante frecuencia, los fotógrafos deciden congelar el movimiento de la gente en la calle. Esto crea momentos abstractos y singulares. Cuando se emborrona el movimiento de la gente, se crea un tipo diferente de momento, uno que parece estirarse.

Se empiezan a apreciar signos de borrosidad con velocidades de obturación inferiores a **1/60** de segundo, y, cuanto más lenta sea la velocidad, mayor será el efecto de borrosidad (*véase* pág. 90). Utilice trípode para evitar la trepidación de la cámara, como hizo Steinert en esta imagen.

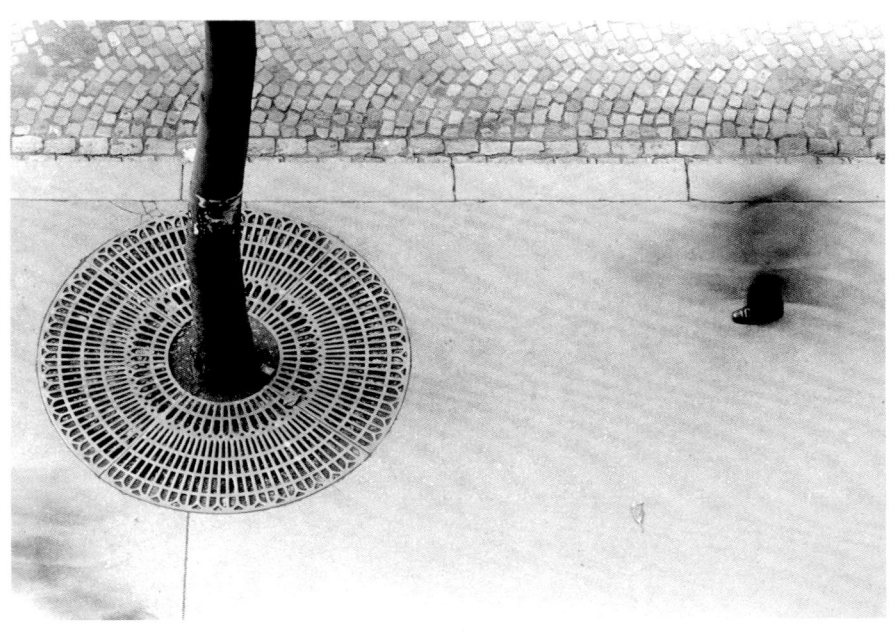

Un transeúnte
Otto Steinert
1950

Fotografía directa

Otros ejemplos:
Richard Renaldi, pág. 67
Robert Bergman, pág. 121

La brillantez de esta idea reside en su simplicidad: acercarse a completos desconocidos por la calle, pedirles que escriban lo que piensen en ese momento y fotografiarlos sujetando el cartel.

Los retratos de Gillian Wearing, impactantes, tiernos, y siempre reveladores, eliminan la máscara pública de sus sujetos para mostrar sus preocupaciones y deseos más íntimos. «Estoy desesperado», afirma este hombre con un impecable traje y una expresión engreída. ¿Se refiere a sus necesidades sexuales insatisfechas o a su economía? De cualquier modo, hay algo significativo que subyace a su grito de ayuda.

El propósito de la fotografía de calle no siempre es captar «momentos».

Los momentos decisivos pueden ser hermosos, ingeniosos y apasionantes, pero no nos dicen nada sobre la persona que aparece en la imagen. Simplemente, esto no es posible en un encuentro que dura una fracción de segundo. Si adoptamos un enfoque más lento e interactivo, obtendremos un encuentro más íntimo con la gente.

Existe multitud de diferentes formas de plantear la sesión, pero el núcleo de la fotografía de calle se basa en el encuentro con desconocidos. La forma en que se ejecuta determina nuestra participación en la imagen.

Letreros que dicen lo que uno quiere que digan, y no letreros que digan lo que otro quiere que digan.
ESTOY DESESPERADO .
Gillian Wearing
1992-1993

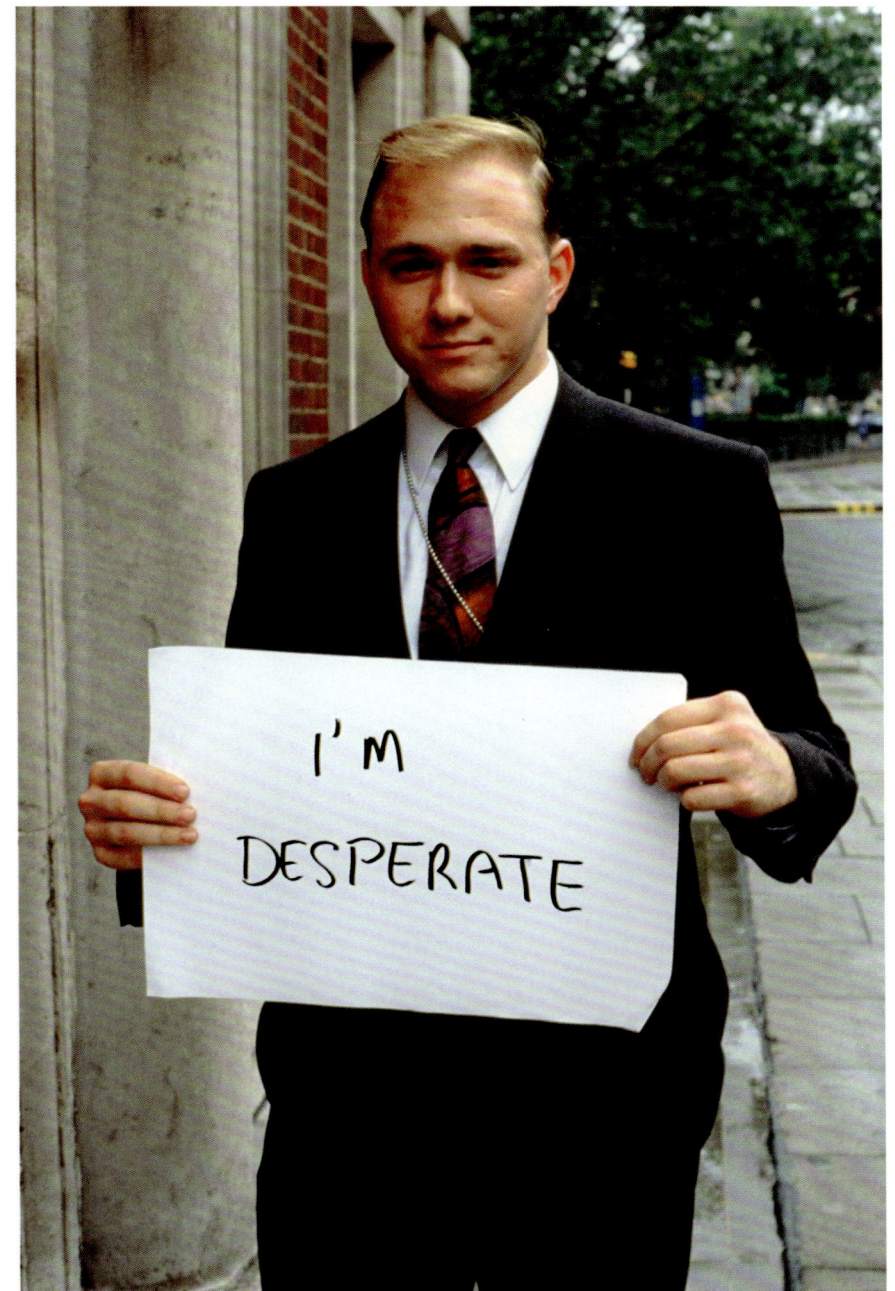

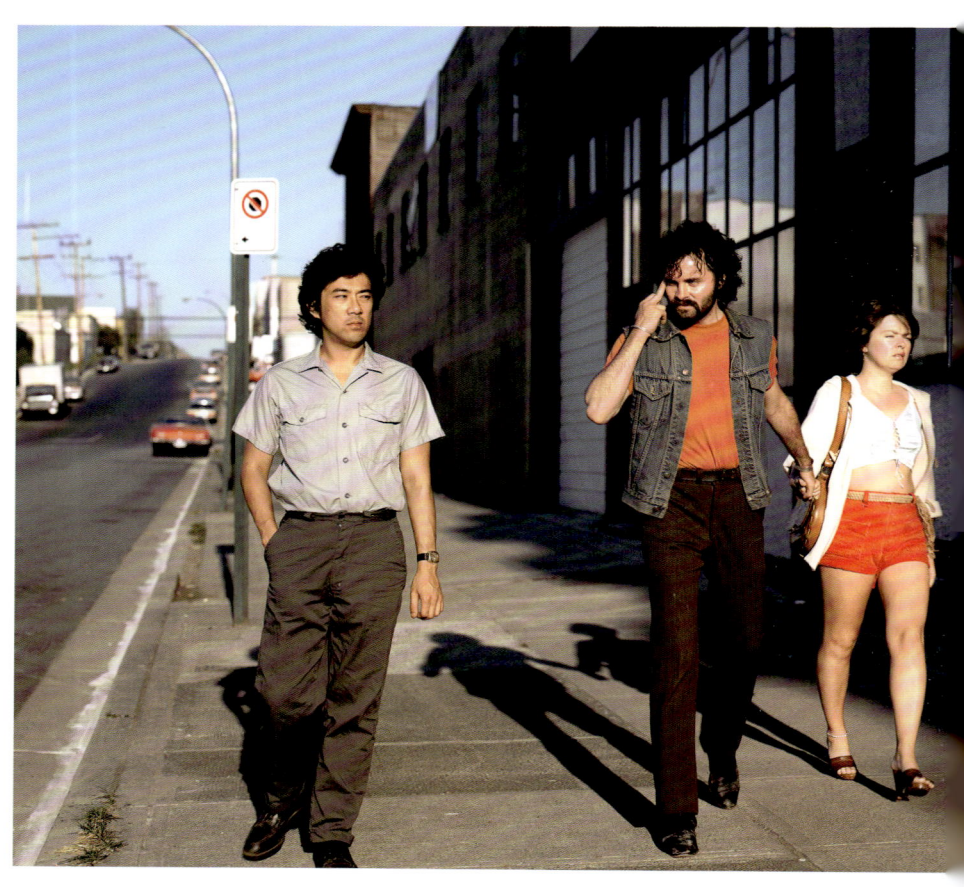

Imitación
Jeff Wall
1982

No se preocupe por encajar

Jeff Wall, con su preferencia por el uso de una cámara de gran formato de difícil manejo, no está en la mejor posición para captar momentos fugaces de personas en la calle, así que en lugar de robar momentos cuando los ve, Wall los recrea utilizando actores.

Esta imagen se basa en un incidente racista del que Wall fue testigo en Vancouver. Mientras estas tres personas caminan hacia la cámara, la intensidad del momento queda realzada por el brillo del sol de última hora de la tarde. Todo conduce a un punto crítico, y cualquier ambigüedad queda anulada por el título, *Imitación*.

Otros ejemplos:
Richard Avedon, pág. 28
Hannah Starkey, pág. 31
Helen Levitt, pág. 95

Desenfoque el contorno para crear algo nuevo e impactante.

¿*Imitación* es fotografía de calle? ¿Qué relación guarda con «el instante decisivo» de Henri Cartier-Bresson? Es muy difícil concretar, y cuando se observa ampliada a dos metros de anchura y enmarcada en una caja de luz, *Imitación* resulta todavía más difícil de ubicar.

Definir las fotografías por género ayuda a hacerse una idea de su contenido. Pero no deje que esto limite su creatividad, y trate de no imitar simplemente lo que otros han hecho antes, que es una trampa común, en especial para los fotógrafos de calle.

Como Wall nos muestra con brillantez, mezclando y comparando géneros, estilos y técnicas, nos podemos liberar de las prácticas establecidas y descubrir nuevos y característicos modos de fotografiar a personas.

Velocidad de obturación y movimiento

La velocidad de obturación determina el tiempo que la luz incide en el sensor. Las velocidades lentas registran más movimiento, ya que el obturador está abierto más tiempo. Esto emborrona los sujetos en movimiento. Las velocidades más rápidas registran menos movimiento, puesto que el obturador se abre y se cierra con mayor rapidez, lo que congela los sujetos en movimiento.

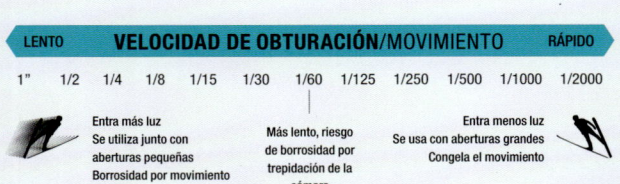

LENTO	VELOCIDAD DE OBTURACIÓN/MOVIMIENTO										RÁPIDO
1"	1/2	1/4	1/8	1/15	1/30	1/60	1/125	1/250	1/500	1/1000	1/2000

Entra más luz
Se utiliza junto con aberturas pequeñas
Borrosidad por movimiento

Más lento, riesgo de borrosidad por trepidación de la cámara

Entra menos luz
Se usa con aberturas grandes
Congela el movimiento

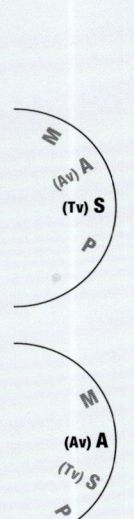

En fotografía de calle, por lo general se intenta detener el movimiento de la gente. Para ello se puede utilizar el modo Prioridad de velocidad (**S** o **Tv**), que es el modo semimanual, que permite controlar la velocidad de obturación mientras que la cámara ajusta automáticamente la abertura. Pero en este caso, en realidad es mejor seleccionar el modo Prioridad de abertura. Vamos a explicar por qué.

Como el sujeto suele acercarse o alejarse mientras se compone la imagen, es necesario tener en cuenta la profundidad de campo. Una mayor profundidad de campo (abertura más pequeña) reduce el riesgo de que el sujeto se sitúe fuera de la zona de enfoque (algo todavía más molesto que si se registra ligeramente movido a causa de una velocidad de obturación lenta o de la trepidación de la cámara). Aquí es donde entra en juego el valor ISO.

ISO

El valor ISO determina la sensibilidad del sensor a la luz. Cuanto más alto sea el valor ISO, más sensible será el sensor. Esto significa que se requiere menos luz para conseguir una exposición correcta. En otras palabras, un valor ISO más alto permite emplear velocidades de obturación más altas y aberturas más pequeñas, que es justo lo que se busca en fotografía de calle.

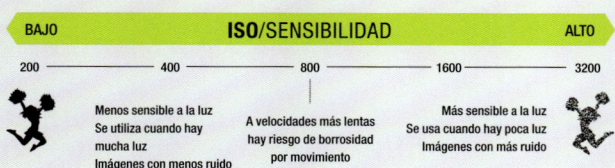

En fotografía de calle vale la pena subir el valor ISO a **800** porque constantemente se pasa de zonas iluminadas a otras en sombra. Este ajuste ISO permite que la velocidad de obturación rara vez baje de **1/60** de segundo en el modo Prioridad de abertura. Pero tenga en cuenta que una sensibilidad elevada produce imágenes con más grano (ruido electrónico), así que evite valores ISO innecesariamente altos.

Punto de partida en la calle

Empiece por seleccionar el modo Prioridad de abertura (**Av** o **A**) y ajuste un valor de alrededor de **f/11**. A continuación, ajuste la sensibilidad a ISO 800 y deje que la cámara determine la velocidad de obturación. Si la velocidad baja de **1/60** de segundo, incremente el valor ISO. ¡Ahora ya puede salir a la calle!

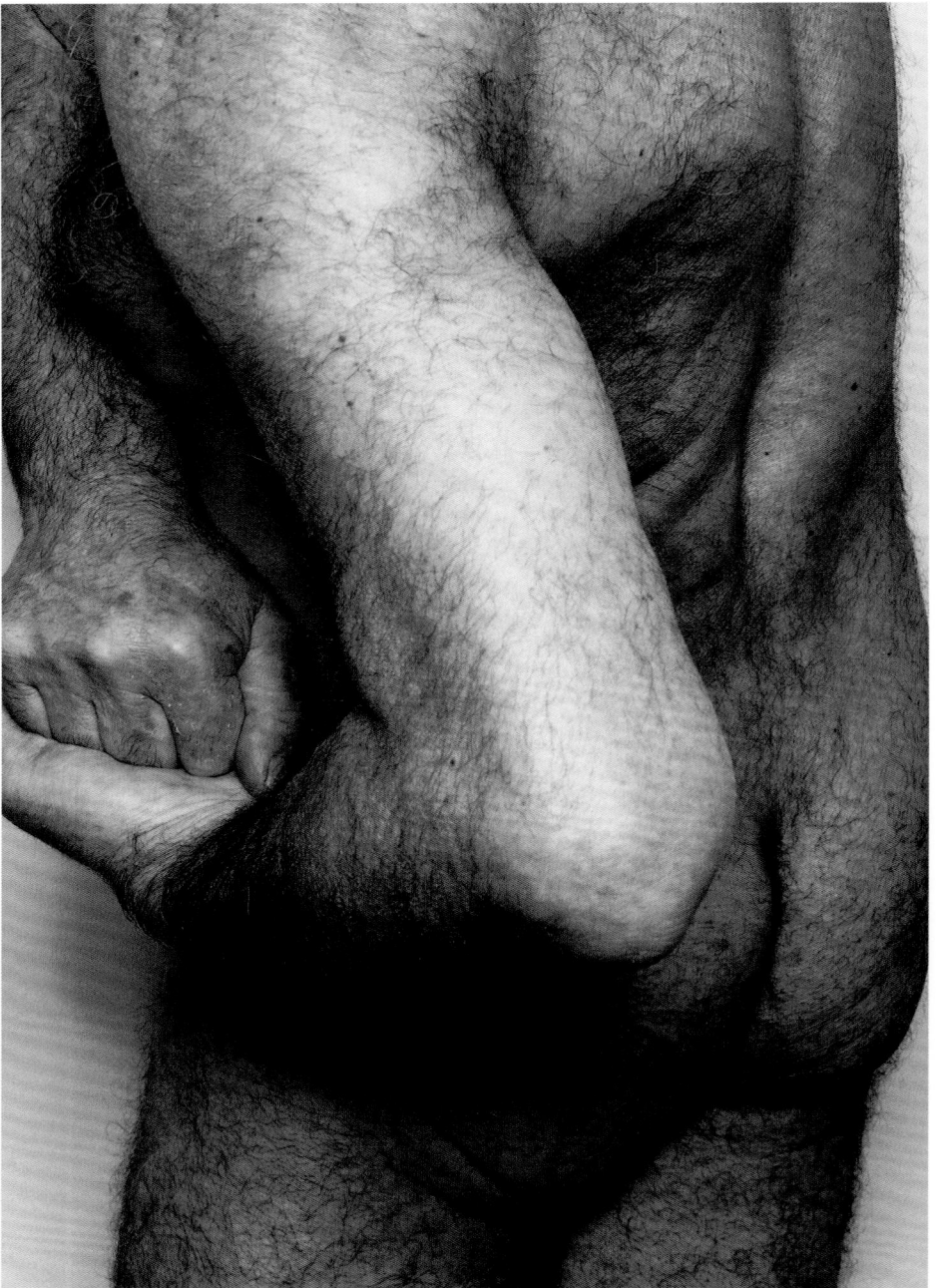

Modos de ver

BLANCO Y NEGRO O COLOR

A pesar de que pueda parecer un fotógrafo chapado a la antigua, el color se ha convertido en el valor por defecto de la fotografía digital y el blanco y negro en algo secundario.

En lugar de disparar en color porque el sujeto lo exige, la gente suele hacerlo así porque es como está ajustada la cámara. Y con demasiada frecuencia las fotografías se suelen componer utilizando el lenguaje del color, esperando que después se traduzca bien a escala de grises. Ninguno de estos enfoques funciona.

Elegir entre blanco y negro y color afecta a lo que se fotografía y a cómo se fotografía.

John Coplans se fotografía a sí mismo en blanco y negro para ilustrar cómo envejece su cuerpo. Los tonos centran nuestra atención en el detalle de la superficie. Esto transforma su cuerpo en algo abstracto, escultural y táctil. Para Coplans, la distancia que ofrece el blanco y negro es un acto de catarsis.

Es como ajustar los ojos a una frecuencia determinada. El color realza lo que el blanco y negro enfría; el blanco y negro simplifica lo que el color complica y lo que desajusta, y el blanco y negro puede transformar la atrocidad en arte.

De espaldas tres cuartos
Manos agarradas
John Coplans
1986
© The John Coplans Trust

El color atrae al color

Otros ejemplos:
Sam Abell, pág. 13
Hannah Starkey, pág. 31
William Eggleston, pág. 102
Fred Herzog, pág. 116

Es posible escuchar cómo rugen los motores de manera impaciente mientras la pareja de ancianos se toma su tiempo para cruzar la calle. Y el tono de azul del automóvil en primer plano y de la ropa del hombre hace que este último todavía parezca más vulnerable, lo que crea de manera instantánea una conexión visual entre el depredador y la presa.

Las fotografías en color de Helen Levitt de gente en la calle ayudan a que el fotógrafo disponga de un nuevo mundo de posibilidades. Sujetos que habían sido ignorados por los fotógrafos que disparan en blanco y negro, de repente son perseguidos por aquellos que se sienten atraídos por la intensidad del color.

Convierta el color en el sujeto de la fotografía.

El color ofrece una oportunidad visual que está ahí para captarla. Cuando se aíslan en el encuadre y se enmarcan contra los tonos grises del hormigón de la ciudad, las cosas simples como el color de la chaqueta o del pelo de una persona, o el matiz del pintalabios, se pueden transformar en algo alegremente abstracto y expresivo.

Continúe, diríjase a la calle y pasee. Pero no vea un sombrero como un sombrero, sino como una explosión de color alrededor de la cual puede construir su composición para crear una imagen llamativa.

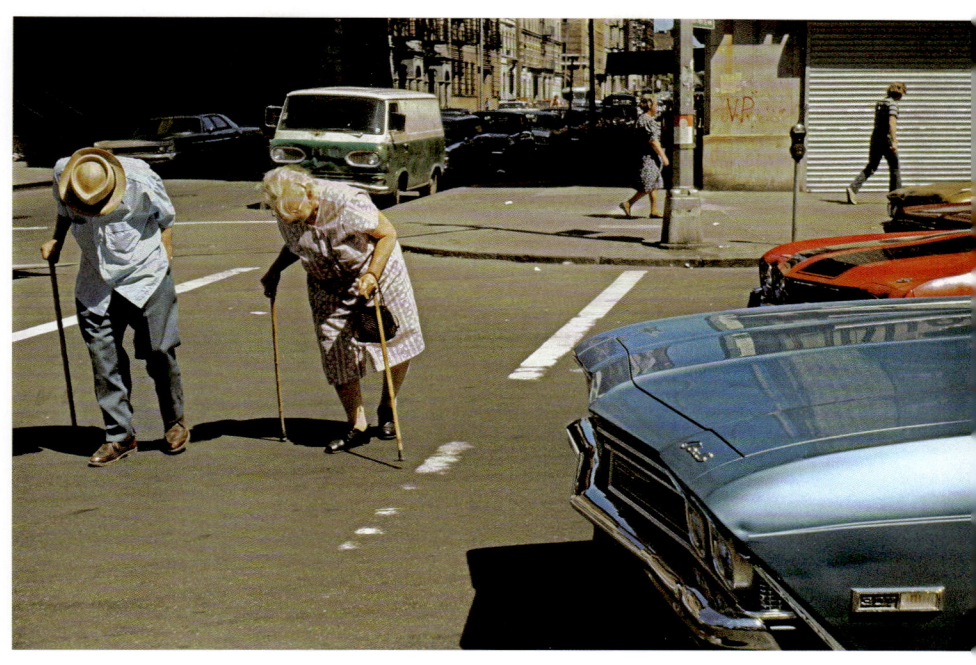

Sin título, Nueva York
Helen Levitt
Sin fecha

Crear un ambiente con tono

Otros ejemplos:
John Coplans, pág. 92

Los retratos en blanco y negro de Dana Lixenberg nos muestran el lado menos conocido de los jóvenes negros y pobres de Estados Unidos. En esta imagen podemos ver a Toussaint, uno de los habitantes de una urbanización abandonada de Los Ángeles llamada Imperial Courts.

Dominado por distintos tonos de gris, este retrato responde a todos los estereotipos negativos creados por los medios de comunicación. Los suaves tonos de gris añaden sinceridad y comunican tranquilidad. Nos anima a considerar de forma diferente a este hombre. No vemos a Toussaint como un joven negro desempleado que supone una amenaza para la sociedad. Lo vemos como un ser humano.

Utilice la sutilidad de los tonos para establecer el ambiente del retrato.

Observe con atención el retrato de Lixenberg y verá que no hay zonas de blanco puro y muy pocas de negro. «Blanco» y «negro» residen en extremos opuestos de la gama tonal. Aprovechando los tonos medios se puede reducir el contraste de la imagen, lo que atenúa el ambiente y aporta al sujeto un cariz más introspectivo.

Puede reducir de manera sutil el contraste con la ayuda de «Niveles» o «Curvas» en un programa de edición de imagen. Aunque, en realidad, el mejor modo de aprovechar los tonos medios es evitando el sol directo y disparando bajo la luz suave y uniforme de un día nublado.

TONOS MEDIOS

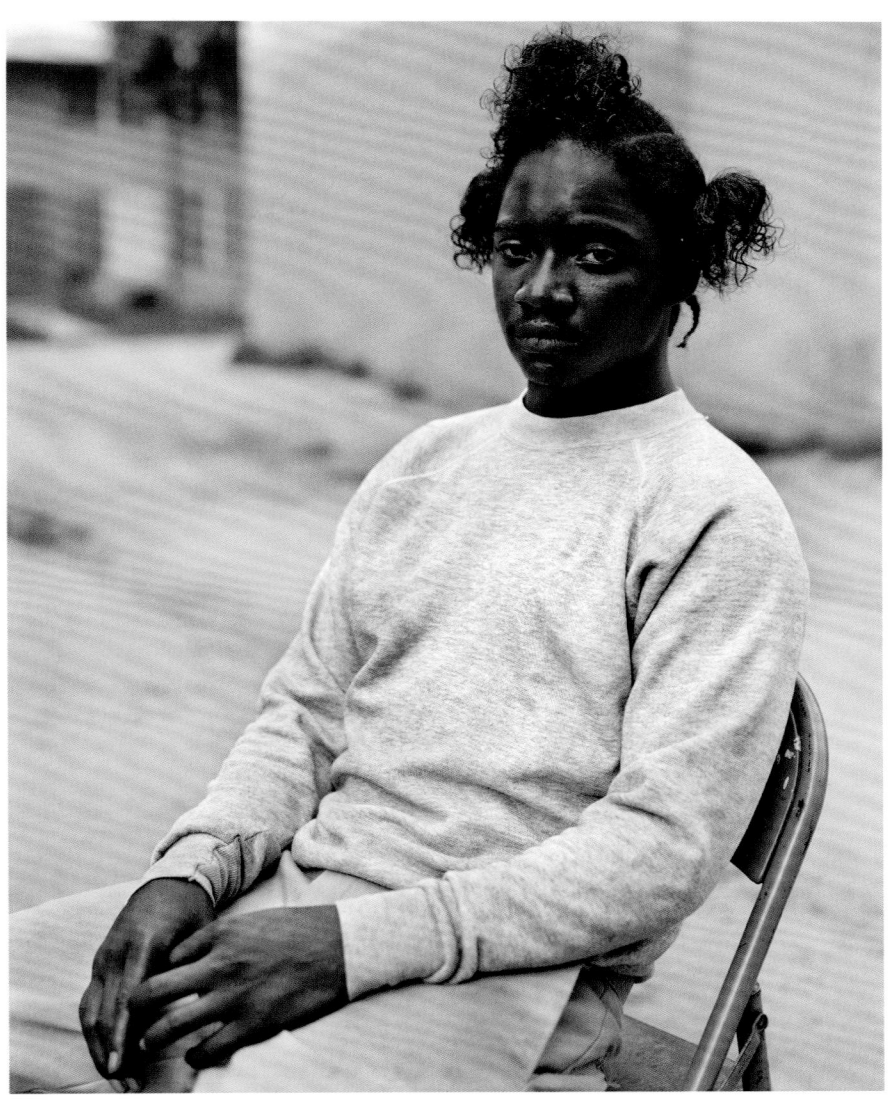

Toussaint
Dana Lixenberg
1993

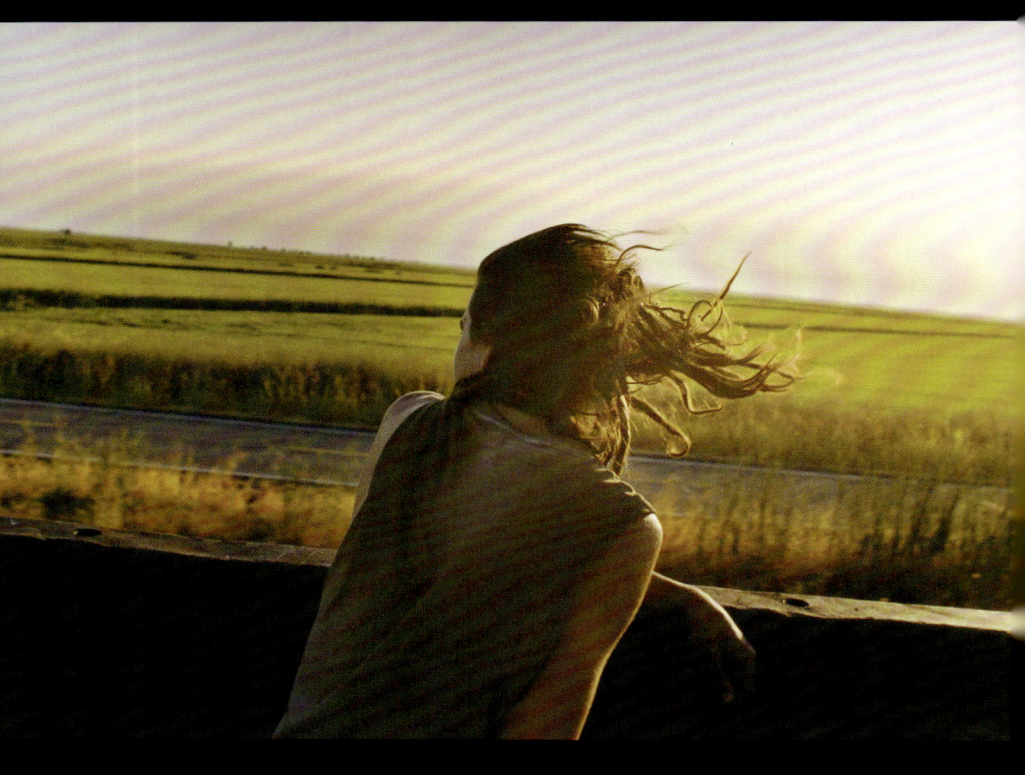

N.°0924
de la serie «Un período de
prosperidad juvenil»
Mike Brodie
2006-2009

Crear un ambiente con color

Como en las páginas de Jack Kerouac, un adolescente Mike Brodie se subía a trenes de carga y viajaba por Estados Unidos. Iba ligero de equipaje, como muchos trotamundos; solo dejaba espacio para una cámara cargada con película Kodak.

Los retratos de estilo reportaje que hace Mike Brodie de su banda de hermanos trotamundos están dominados por los tonos cálidos. En parte por la luz dorada del sol, pero también por el tipo de película (y quizás por el procesado), esta calidez transmite a los sujetos, y a su forma de viajar, una gloriosa sensación de idealismo romántico.

Otros ejemplos:
Joel Sternfeld, pág. 51
Fred Herzog, pág. 116
Bill Henson, pág. 118

Los tonos cálidos proyectan positividad y bienestar. Confortan al sujeto como una manta.

La dominante de color de la imagen es algo que se puede manipular para comunicar exactamente aquello que se desea. Incluso un matiz un poco más cálido o frío afecta en gran medida a la atmósfera de la imagen y a cómo se capta el sujeto.

No podemos ver la cara de esta persona ni lo que está mirando, pero la calidez de la imagen nos transmite una profunda sensación de quién es y sus circunstancias. Imagínese esta misma fotografía, pero con un tono azul frío. El ambiente positivo y de espíritu libre sería sustituido por algo más inquietante.

El equilibrio del blanco de la cámara permite modificar la dominante de color de la imagen. Pero en lugar de ajustarlo constantemente, es preferible seleccionar el modo automático (AWB) y, a continuación, ajustar el color.

Crear impacto con el tono

En lugar de preocuparse por las sutilezas del tono, Bill Brandt utiliza luz dura y direccional para reducir este desnudo a planos abstractos de «blanco» y «negro».

El blanco y negro reduce la fotografía a sus componentes esenciales, es decir, luz y oscuridad.

Combine las cualidades reductivas del blanco y negro con la naturaleza de alto contraste de la luz dura, y las sombras se convertirán en negro y las luces en blanco. Si el sujeto es un desnudo, este proceso de abstracción convertirá de manera inexorable el volumen en «espacio negativo».

El espacio negativo es el área que se encuentra alrededor del sujeto. En blanco y negro, este espacio puede estar tan presente en la fotografía que impulsa a construir la composición a su alrededor, y no en torno al sujeto.

Observe cómo en esta imagen el brazo de la modelo divide el encuadre para crear bellos triángulos de negro. Esto es lo que Brandt miraba cuando compuso el retrato. Utilizó este espacio para definir las líneas del cuerpo, pero creó formas abstractas omnipresentes por derecho propio.

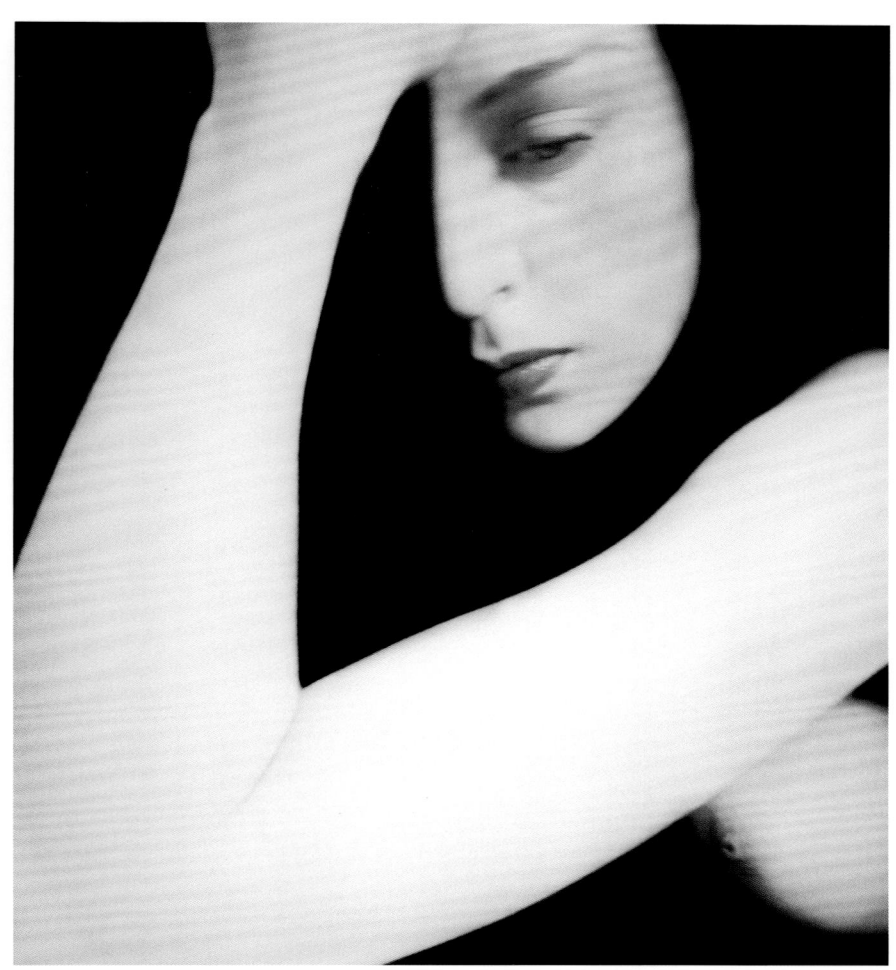

Desnudo
Bill Brandt
1952

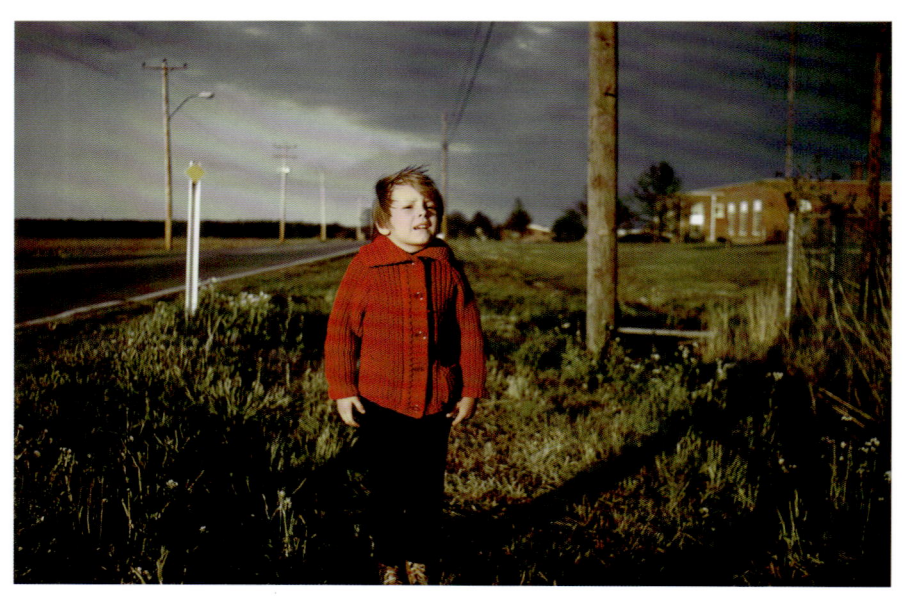

Sin título (Niño con un jersey rojo)
de «Los setenta: volumen dos»
William Eggleston
1971

Crear impacto con el color

Unas nubes de un color azul acerado amenazan sobre el horizonte. Briznas de hierba verde recogen los últimos rayos de sol ante la inminente tormenta. Un niño posa en primer plano, y su jersey de color rojo resuena en la imagen como el rugido de la sirena de aviso de tornado.

Contra un fondo de verdes y azules, el sujeto de rojo de William Eggleston destaca en la composición con una carga emocional que potencia la vulnerabilidad del niño.

Otros ejemplos:
Hannah Starkey, pág. 31

Aunque todos los colores provocan una respuesta emocional, en algunos es más intensa que en otros.

El amarillo puede provocar optimismo, el azul puede ser frío y el verde puede tener varios significados. Pero nada capta la atención de la vista más que el rojo. Sus connotaciones carnales hacen que adquiera protagonismo en la composición, mientras que el resto de elementos pierde importancia.

Es algo en lo que hay que fijarse cuando se compone una imagen. Si el sujeto es de color rojo adquirirá protagonismo de forma natural. Pero si no lo es y en la escena hay otro elemento rojo, este puede restar importancia al sujeto, con independencia del espacio que ocupe en el encuadre.

Ver en blanco y negro

En la fotografía en blanco y negro es necesario hacerse una idea de cómo el color se convierte en tonos de gris. Por ejemplo, el rojo y el verde son obviamente distintos en cuanto a color, pero muy similares en tonos de gris.

Los filtros afectan a cómo el color se convierte en tonos de gris y ayudan a conferir más profundidad a las fotografías en blanco y negro. Los filtros aclaran su propio color y, por lo general, oscurecen el tono del color opuesto. Por tanto, un filtro rojo hace que los rojos se vean más claros, mientras que el tono del color opuesto (verde) se interpreta más oscuro.

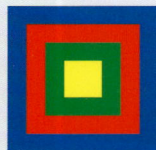 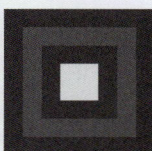 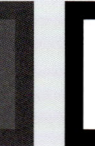 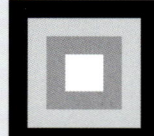 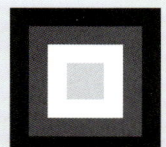

Colores originales

Sin filtro

Los tonos son similares, el contraste más bajo.

Filtro rojo

Aclara los rojos y oscurece los verdes y los azules; por lo general aumenta el contraste.

Filtro amarillo

Oscurece los azules; normalmente aclara otros tonos, en especial el amarillo.

Filtro verde

Aclara los verdes y los amarillos, y oscurece un poco los rojos y los azules.

Conversión a blanco y negro

Si utiliza película en blanco y negro tendrá que colocar estos filtros en el objetivo. En digital no funciona así. En lugar de usar la función de blanco y negro de la cámara, es mejor disparar en color (raw) y luego convertir la imagen en un programa de edición.

Emplee las herramientas «Mezclador de canales» o «Blanco y negro» para imitar los efectos de estos filtros mediante el ajuste de cada canal de color.

Ver en color

En algunas ocasiones, vemos los colores lado con lado y simplemente sabemos que quedan bien; es cuestión de instinto visual. Otras veces, en particular cuando se fotografían personas, hay que saber elegir la ropa, el fondo y los accesorios. En estos casos es cuando resulta útil conocer qué colores combinan y por qué.

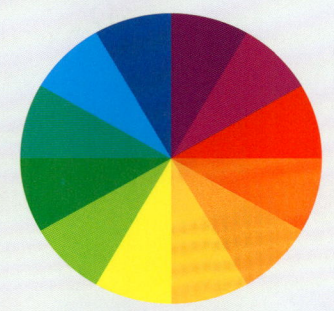

Colores complementarios

Observe de nuevo el círculo cromático y verá cómo cada color tiene su opuesto. Se trata de los «colores complementarios», y cuando se ponen uno junto al otro, la combinación destaca a la vista. Utilizar colores complementarios implica añadir energía a las imágenes y captar la atención del espectador. Pase a la siguiente página para comprobarlo.

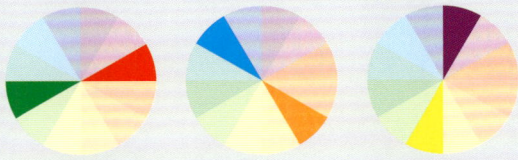

Colores análogos

Si busca relaciones cromáticas más armoniosas use «colores análogos». Son colores similares que se sitúan uno junto al otro en el círculo cromático. El uso de estos colores crea imágenes más calmadas, ya que todo es uniforme. Puede ver ejemplos de ello en las páginas 51, 118 y 121.

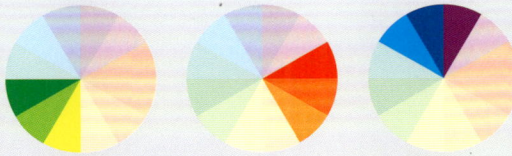

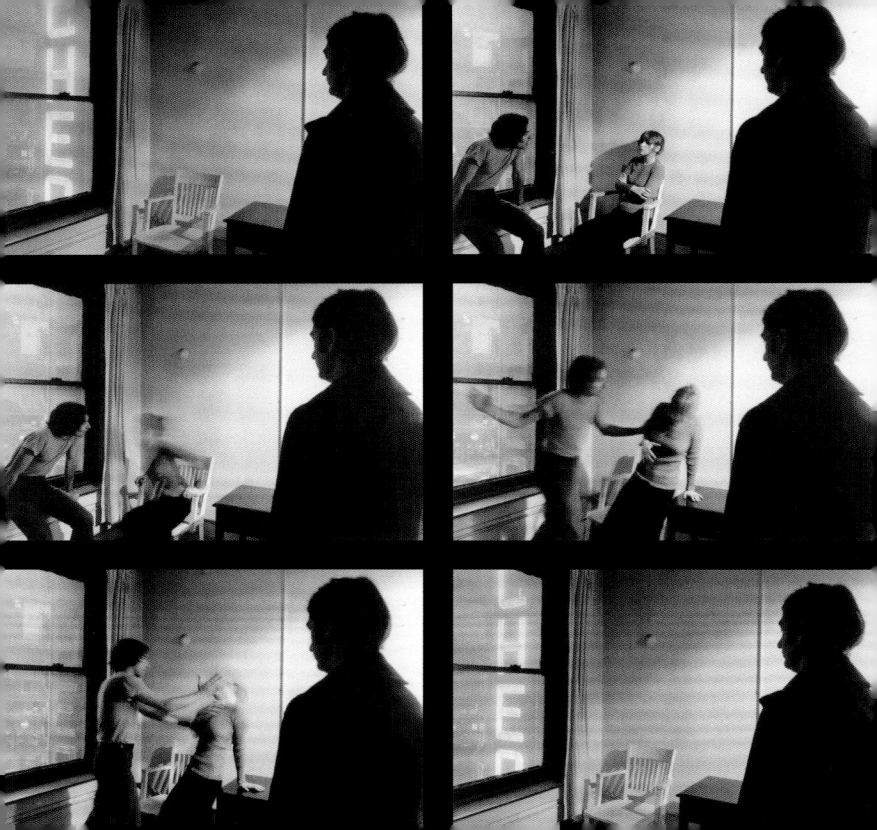

Escuchar a la luz

Por un lado, la luz da forma a las cosas físicas, como el volumen y los rasgos del sujeto. Por otro, muestra algo menos tangible. Puede emplear la luz para reflejar la personalidad o el estado de ánimo del sujeto.

La luz puede ser favorecedora o cruel, intensa o suave y constante o cambiante. Todas estas cualidades afectan sobre todo al ambiente del retrato. Con independencia de si trabaja en el estudio o en la calle, tiene que escuchar lo que dice la luz.

La luz nunca es neutra. Siempre alberga implicaciones psicológicas.

Fíjese en la luz de esta secuencia (*Recuerdo el argumento*), fotografiada por Duane Michals. Dentro, la dureza de la luz proyecta sombras intensas que convierten al hombre en una silueta amenazante. En el exterior se produce una transición sutil entre la noche y el día y de nuevo a la noche. La luz crea toda la conversación, ¿pero qué le dice a usted?

En este capítulo final vamos a retomar la idea del instinto visual, porque, al igual que la composición, la luz es algo que hay que sentir. Se tiene que medir —esta es la parte fácil—, pero los valores de exposición no dicen nada de la «psicología de la luz». Para comprenderlo bien hay que recurrir a algo más primario.

PSICOLOGÍA DE LA LUZ

Recuerdo el argumento
Duane Michals
1970

Solo es natural

Otros ejemplos:
Donovan Wylie, pág. 26
George Hoyningen-Huene,
pág. 54

¿Qué sucede en la fotografía tomada por Glen Erler de su madre? La luz penetra a través de las persianas como si se tratara de una presencia de otro mundo, golpeándola e inmovilizándola.

En su serie «Árbol genealógico», Erler emplea luz natural para analizar su sentimiento de separación física y emocional de sus amigos y familiares al regresar a casa. La luz diurna crea pozos brillantes, la oscuridad oculta elementos y las sombras transforman espacios domésticos en algo más siniestro. La luz de Erler es misteriosa. Viene y se va. Muestra y oculta. Actúa como otro miembro elusivo de la familia.

La luz natural tiene tal presencia en la imagen que es tan tangible como una persona.

La luz natural es justo eso —natural—, y conlleva una sensación de pureza. No se crea ni se manipula. Simplemente se trabaja con lo que ofrece. Y al igual que una persona, tiene estados que pueden cambiar en un instante. Estas cualidades hacen que los retratos captados con luz natural adquieran un aspecto más humano.

Las ventanas son una fuente de luz natural gratuita que proporcionan todo tipo de bellos efectos. Coloque al sujeto cerca de una ventana a diferentes horas del día y verá cómo la atmósfera del retrato va cambiando con la luz.

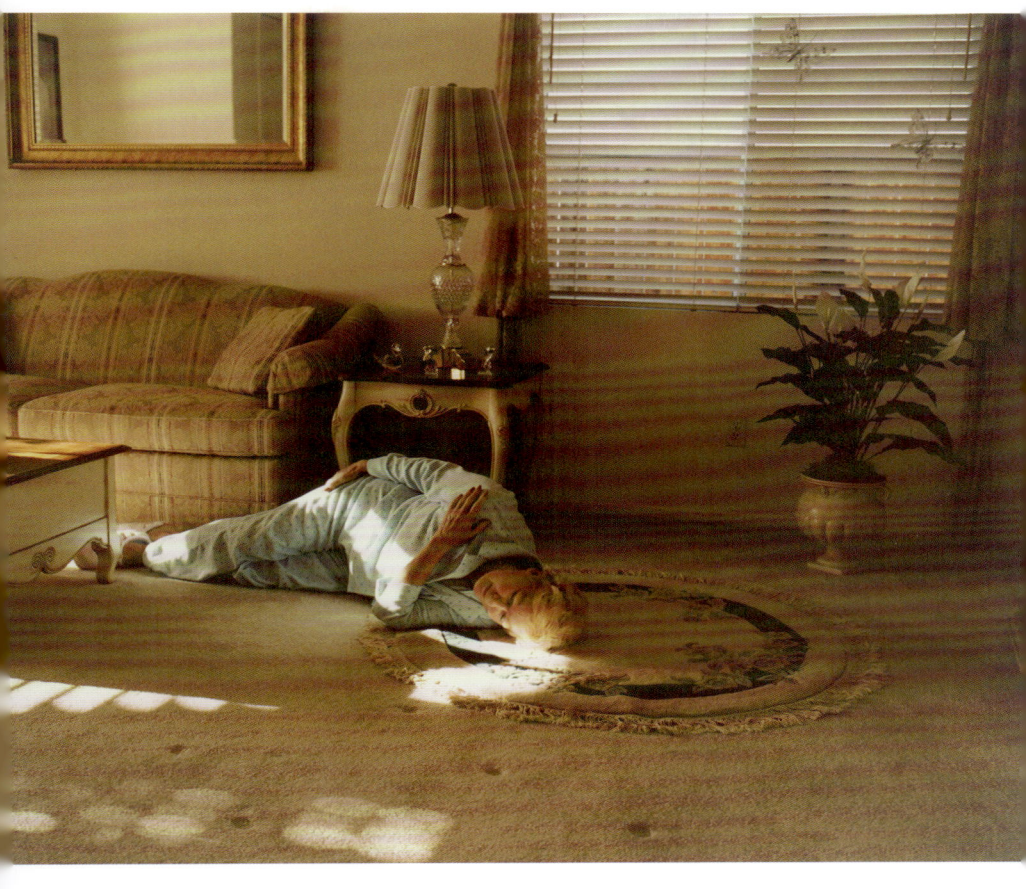

Mamá tumbada en el suelo
Glen Erler
2011

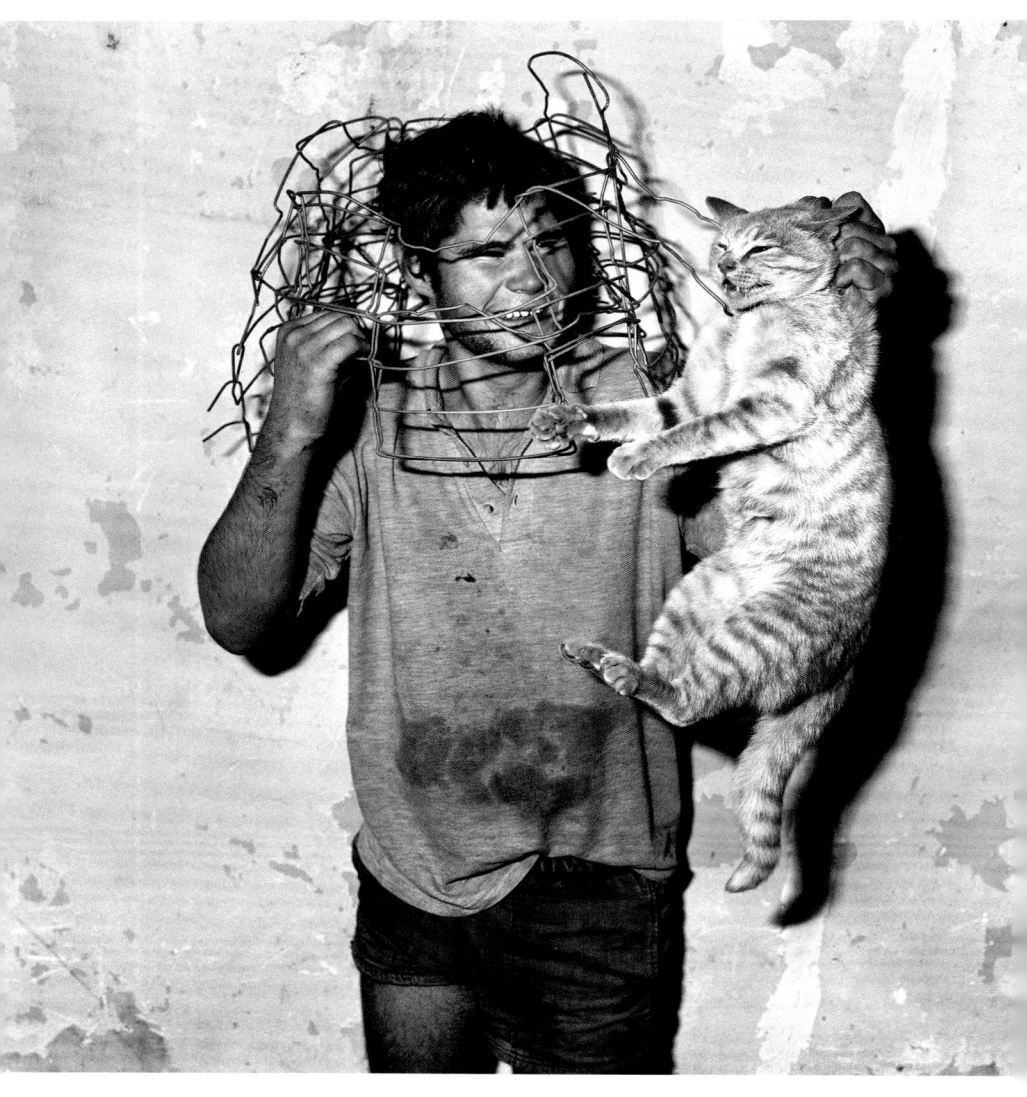

Cazador de gatos
Roger Ballen
1998

En la mente de un entusiasta del flash

Y ahora veamos algo del todo distinto. Roger Ballen fotografía a los marginados sociales y a los trastornados de Sudáfrica. Cuando los visita, actúan para su cámara contra un fondo de paredes rayadas, imágenes torcidas y cables eléctricos desprotegidos.

La expresión de este chico es inquietantemente similar a la del gato que agarra por el pescuezo. Y el amasijo de alambre sobre su cabeza insinúa su estado mental. Es una escena caótica que Ballen ha cristalizado con el efecto brutal del flash de la cámara.

Otros ejemplos:
Bruce Gilden, pág. 78
Weegee, pág. 81

El flash de la cámara es una luz agresiva que «golpea» al sujeto desde el mismo ángulo en el que se dispara.

Emplee el flash directo de la cámara —pero no dé por supuesto sus efectos—, ya que es como la encarnación física de nuestra mirada. En las fotografías, el sujeto parece que ha sido literalmente atacado por la luz. En esta imagen, las sombras recortan la forma alrededor del contorno del chico. Es como si el flash hubiese purgado su psique de su cuerpo y la hubiese clavado en la pared.

El flash de la cámara no ofrece ningún control creativo, por lo que es preferible usar un flash externo. Si busca un efecto brutal, acople el flash a la cámara y oriéntelo directamente hacia el sujeto. Para suavizar el destello, puede reducir la potencia o bien rebotar la luz en una pared o en el techo.

Un toque de luz

No toda la luz artificial debe ser brutal. Cuando fotografía a su hija, Paula, Hendrik Kerstens recrea la luz suave de la escuela de pintura holandesa del siglo XVII.

Paula puede parecerse a una de las chicas de Vermeer, pero la habitual majestuosidad de la historia del arte regresa a la tierra gracias al uso alegre que hace Kerstens de los objetos cotidianos. En esta imagen, ella es menos «Joven con pendientes de perlas» y más «Joven con sombrero de plástico de burbujas».

Los retratos de estudio más bellos emplean los esquemas de iluminación más simples.

El retrato de Kerstens exuda tranquilidad porque utiliza la «iluminación Rembrandt», un tipo particular de iluminación que a menudo se ve en la obra del pintor holandés. Y es un efecto que se puede conseguir con sorprendente facilidad.

Primero observe las sombras. Nos indican que la luz proviene de la parte superior izquierda. Su suavidad es el resultado de una fuente de iluminación difusa, como una caja de luz o un paraguas, colocada suficientemente delante para crear una luz de realce triangular en la mejilla de Paula. Ahora fíjese en la iluminación sutil de la espalda. Es típica de un reflector, que se utiliza para aclarar las sombras.

Es una iluminación suave y simple, de una gran belleza.

Envoltorio de burbujas
Hendrik Kerstens
2008

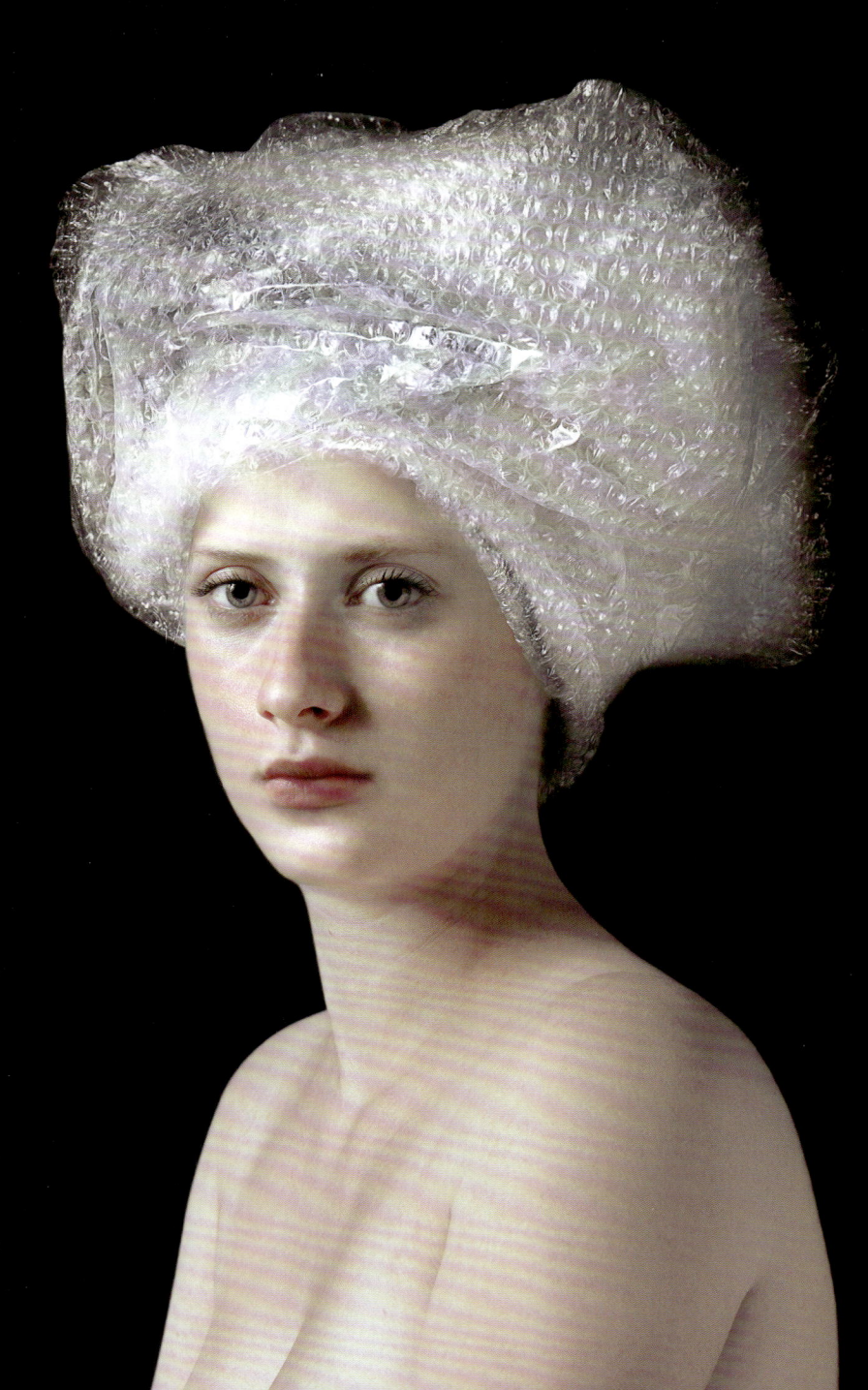

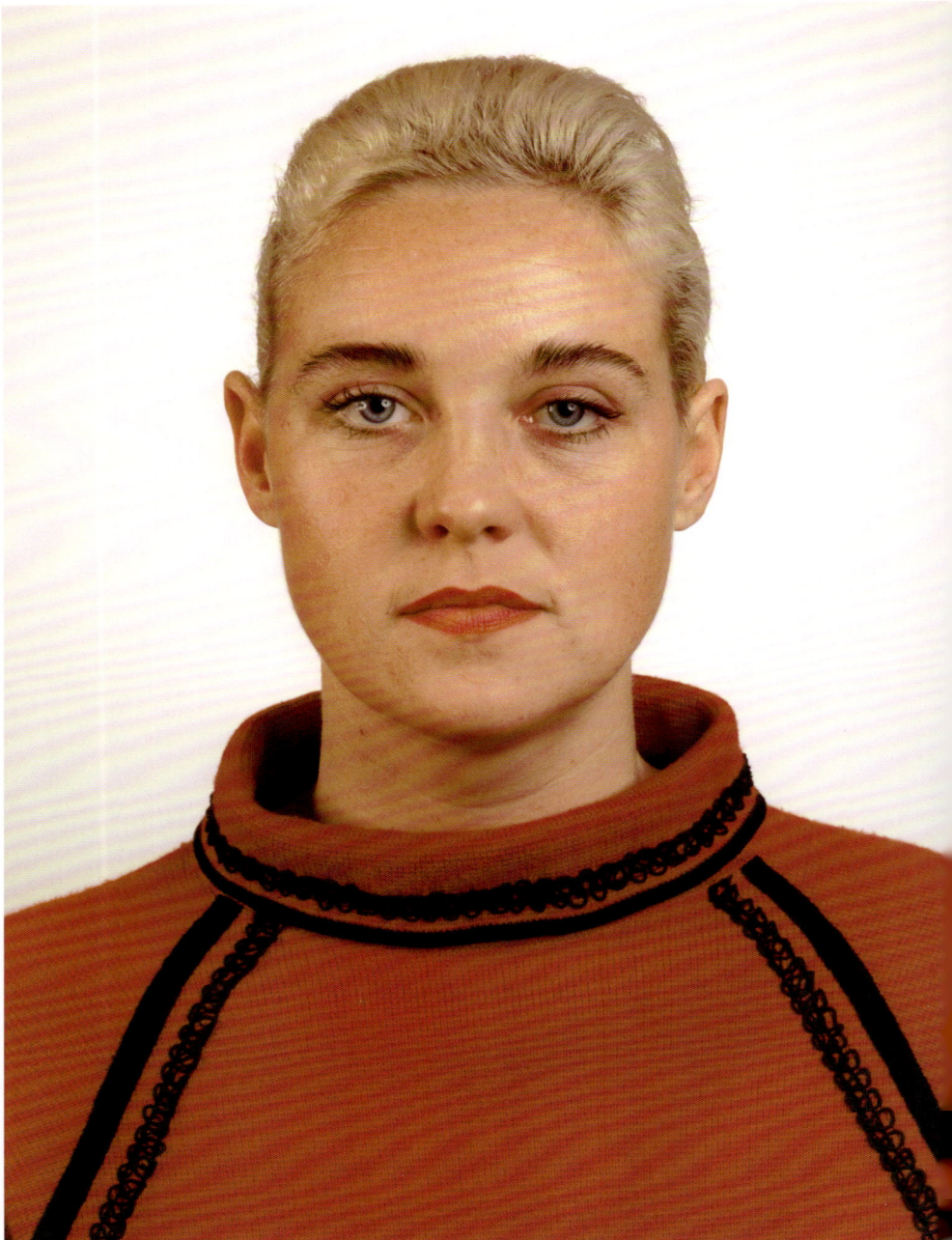

¿Qué estamos viendo en realidad?

En contraste con la fotografía anterior, la iluminación plana y frontal que emplea Thomas Ruff proporciona a este retrato las características de algo que busca un propósito institucional, donde la función prevalece sobre el arte. La luz lo expone todo —cada poro, arruga y pestaña—, además de cualquier huella de implicación emocional de, o entre, el sujeto y el fotógrafo.

Pero a diferencia de los retratos de tamaño bolsillo de los pasaportes, los de Ruff están impresos a tamaño monumental. Y es el gran impacto del detalle y la ausencia de cualquier tipo de iluminación emotiva lo que sugiere, a pesar de todos nuestros esfuerzos, que un retrato solo puede registrar la superficie de alguien y nada más.

Si la fotografía de retrato es, de hecho, una gran ilusión, entonces usted es un mago.

Ruff emplea esta técnica de iluminación para neutralizar cualquier interpretación psicológica del sujeto. La luz frontal elimina las sombras que dan forma a los rasgos faciales y crean un tipo u otro de ambiente. En muchos aspectos es el modo más práctico de iluminar a un sujeto.

Ruff ante todo nos pide que nos espabilemos. Podemos utilizar una iluminación elegante o intrigante en un intento de captar la psicología del sujeto, pero ¿qué estamos viendo en definitiva? Como fotógrafos, somos ilusionistas. Solo necesitamos encontrar nuestra propia serie de trucos.

Retrato (S. Weirauch)
Thomas Ruff
1988

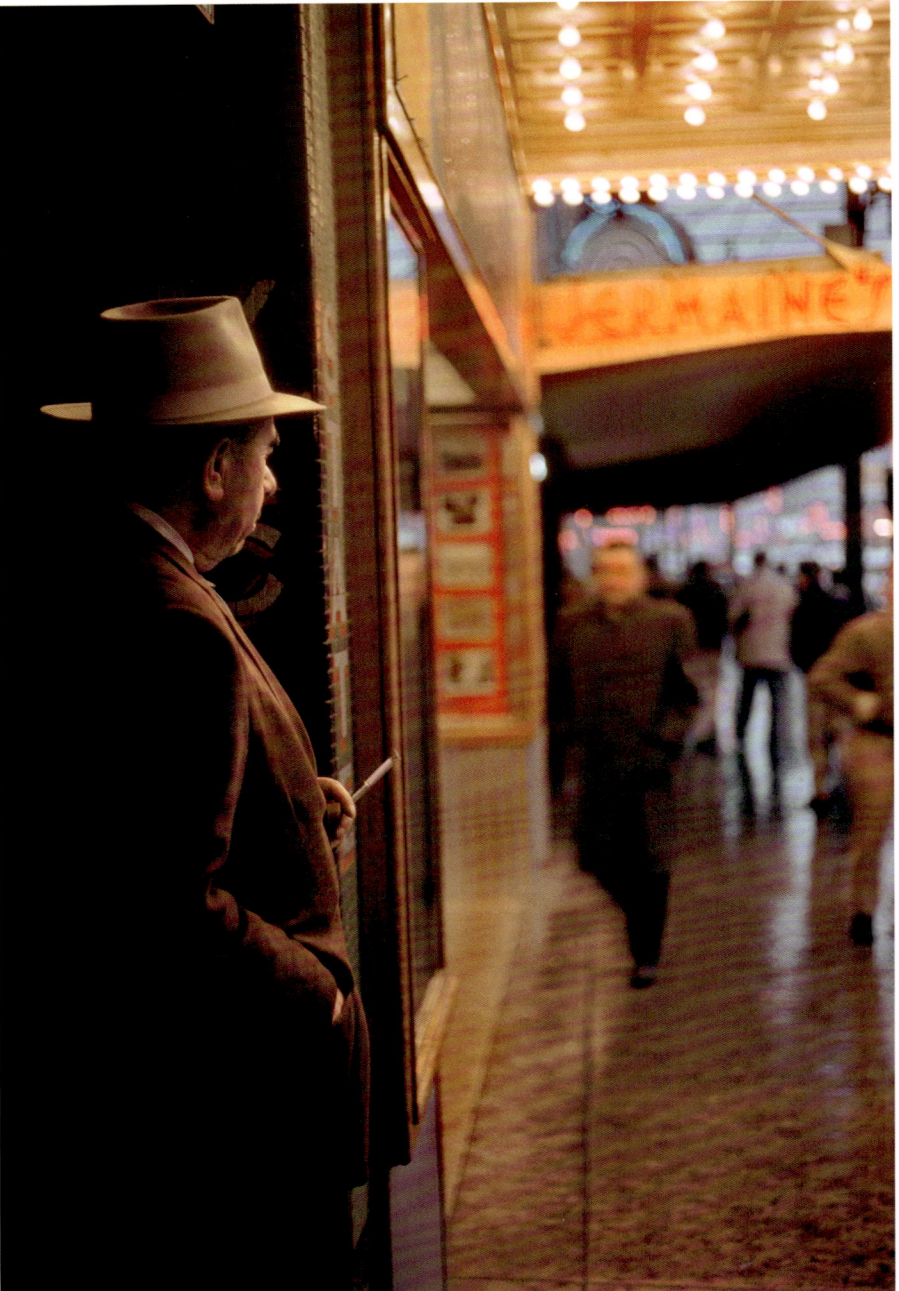

Ambiente ambiguo

El hombre de la fotografía, tomada por Fred Herzog, puede estar simplemente esperando a su mujer, pero la luz ambiente lo transforma en alguien mucho más enigmático. Es un *flâneur*, un paseante solitario por las calles de la ciudad sin ningún otro propósito que observar con calma las actividades de los demás.

La luz cálida de la sala de cine realza su silueta sobre la sombra del portal. Revela que está de pie con aire despreocupado y un cigarrillo entre los dedos, al margen del ajetreo que se ve bajo la luz diurna azulada de un día lluvioso en la distancia.

Otros ejemplos:
Duane Michals, pág. 106
Bill Henson, pág. 118

La luz ambiente es un regalo, no lo desaproveche.

La luz ambiente alcanza su punto más evocador cuando es una mezcla de luz natural y artificial. Los retratos pueden contener una sensación subyacente de transición —entre el día y la noche, entre el pasado y el futuro—. Estas cualidades se pueden usar como metáforas para crear un aura alrededor del sujeto.

La luz ambiente es, a menudo, tenue, pero no trate de contrarrestar esta propiedad utilizando flash para evitar los efectos de la trepidación de la cámara. El flash es el castigo de la luz ambiente. Su potencia uniforme anula la atmósfera y reduce la imagen a una simple instantánea. En lugar de flash utilice trípode. Si no tiene uno a mano, incremente el valor ISO de la cámara (*véase* pág. 91).

Flâneur, Granville
Fred Herzog
1960

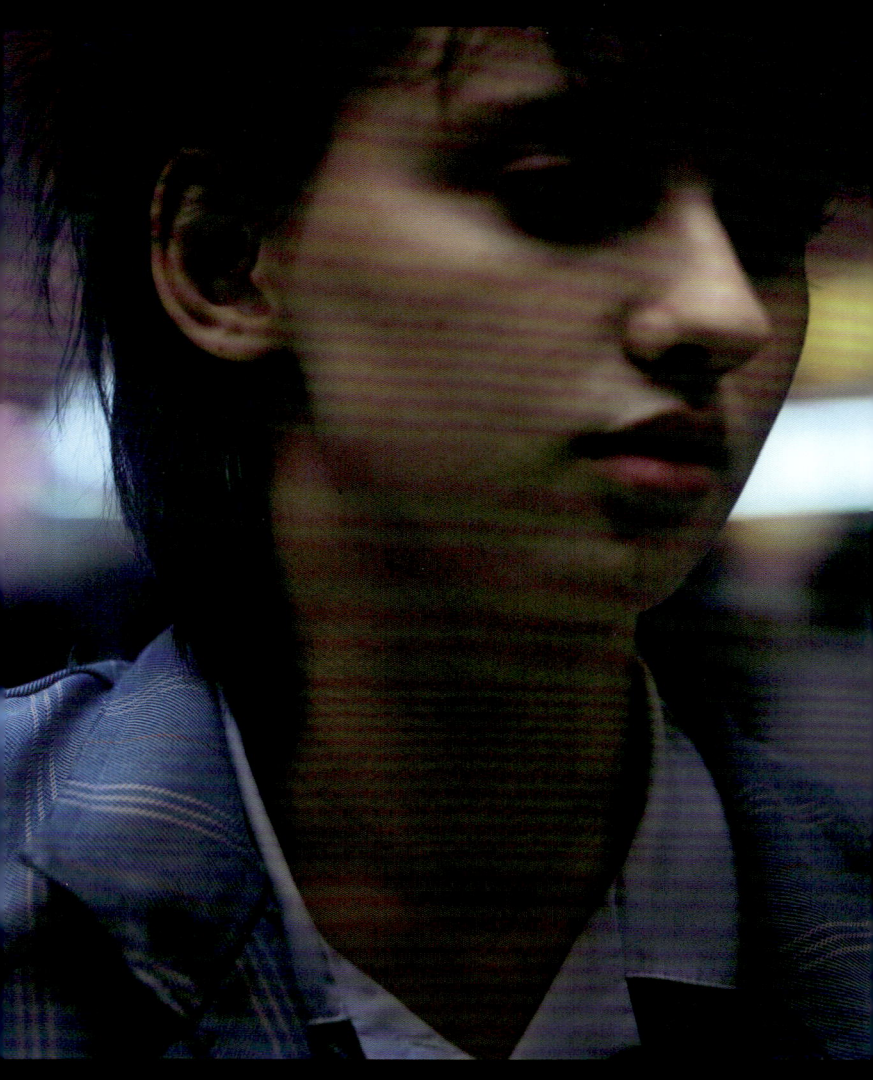

Sin título, 73/120
Bill Henson
1985-1986

Juego de sombras

Esta fotografía de Bill Henson es un recordatorio de que no hay luz sin sombra. Subexpuesta de manera intencionada, la densa oscuridad envuelve a la chica, rodeándola de una ambigüedad almizclada.

Todo lo relacionado con el retrato ocupa un limbo de incertidumbre. El sujeto no es ni una niña ni una adulta. Parece distante, y, al mismo tiempo, el encuadre es cerrado e íntimo. La fotografía se tomó a una hora del día en que no es ni oscuro ni claro. Y hay algo especial en la frialdad de la luz ambiente. ¿La chica está en un tren o esperando en una parada de autobús? De cualquier modo, no está ni aquí ni allá.

La exposición es una cuestión de opinión, y esta última depende del instinto.

Estoy seguro de que habrá escuchado muchas cosas sobre la «exposición correcta», pero no es una cuestión de bien o mal. Es una elección personal que depende de lo que se *siente*. En función del ambiente que busque, unas veces querrá que el sujeto vague en la oscuridad, mientras que otras preferirá que haya mucha luz (en estos casos, piense en la compensación de la exposición, pág. 41).

Henson utiliza las connotaciones psicológicas de la oscuridad y de los fríos azules para atraernos hacia sus retratos. Los sujetos retroceden y se ocultan en las sombras. Hacer que salgan es como recordar un suceso distante o algo de un sueño que se desvanece. Continúe, déjese absorber un poco más por la luz.

Otros ejemplos:
Duane Michals, pág. 106
Glen Erler, pág. 109

Explorar la paradoja

Otros ejemplos:
Arnold Newman, pág. 22
Donovan Wylie, pág. 26
Richard Avedon, pág. 28
Paul Strand, pág. 53
Rineke Dijkstra, pág. 64
Jemima Stehli, pág. 72
Dana Lixenberg, pág. 97
Mike Brodie, pág. 98
Roger Ballen, pág. 110

El mayor desafío en fotografía de retrato —y no me refiero a tratar de captar instantáneas— es revelar ese algo oculto e intangible que reside en el sujeto.

Después de todo, la fotografía solo puede registrar luz que se refleja en superficies. Y en esto reside la paradoja de nuestro medio. ¿Cómo se puede revelar lo que sucede dentro si todo lo que se puede mostrar es el exterior?

Se trata de combinar el instinto con la técnica. La imagen tiene que funcionar como un todo.

Observe los diferentes elementos que se desarrollan en este retrato de un hombre apenado que Robert Bergman encontró por la calle: la composición cerrada, la reducida profundidad de campo, la intensidad de la mirada, el fondo de un vivo color dorado, la uniformidad de la luz.

La combinación de elementos —el sujeto, cómo interactúa Bergman con él, el entorno y las características visuales de la propia fotografía creadas por el objetivo y el encuadre— comunica la historia de este individuo.

Para tomar buenas fotografías de personas es necesario renunciar al juicio por la empatía. Es necesario que nos veamos reflejados en el sujeto. Hay que abandonar la lógica, poner todos los sentidos y confiar en el instinto visual.

Sin título
Robert Bergman
1995

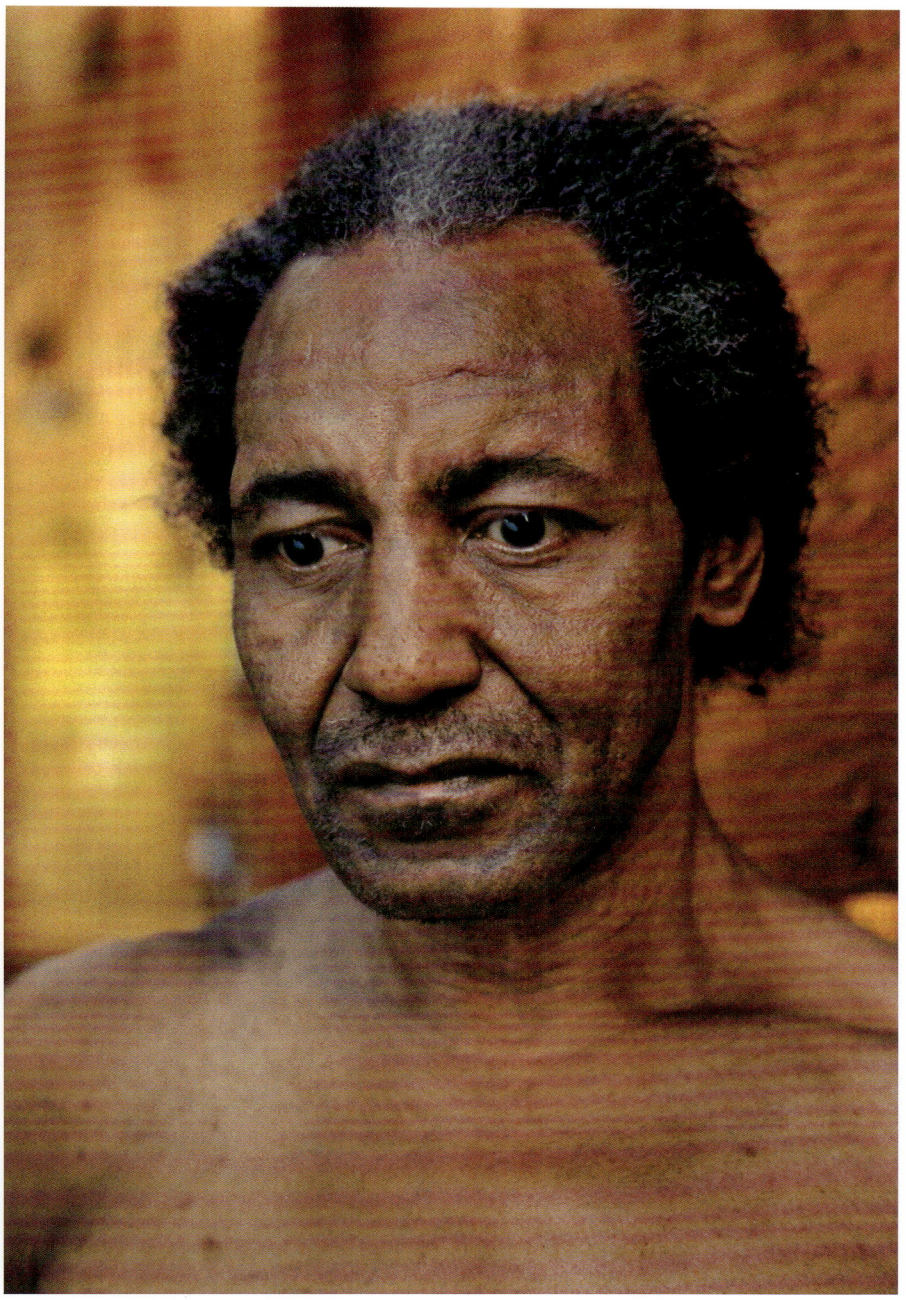

Equipo de iluminación de estudio

Como la luz natural cambia constantemente, es imposible garantizar el resultado. Pero en el estudio podemos tener un control absoluto sobre la luz artificial. De modo que si busca regularidad y control, la iluminación de estudio es su única opción. Necesitará lo siguiente:

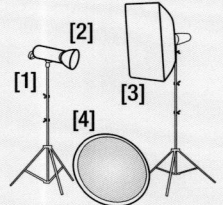

Equipo básico de iluminación

Comprende dos cabezas de flash de 400 W con soporte **(1)**, dos reflectores de plato **(2)**, una caja de luz **(3)** y un reflector de disco **(4)**. Para crear luz dura, puede colocar un reflector de plato sobre la cabeza de flash. Si desea luz suave, haga lo mismo con una caja de luz. Si fuera necesario aclarar las sombras, emplee un reflector de disco para reflejar la luz del flash sobre el sujeto.

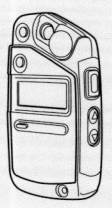

Exposímetro de flash/cable de sincronización

En el exposímetro, ajuste el valor ISO a **100** y la velocidad de obturación a un valor no superior al máximo de sincronización (entre **1/125** y **1/250** de segundo). Sujete el exposímetro delante de la cara del sujeto y dispare el flash. El exposímetro proporcionará el valor de abertura.

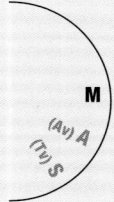

Manual (M)

El modo para trabajar en el estudio es Manual (**M**). Como usa un exposímetro de flash, el de la cámara es redundante, así que seleccione el modo Manual y ajuste los valores de velocidad y abertura en función de lo que indique el exposímetro de flash.

Esquemas básicos de iluminación

La regla de oro de la iluminación es la simplicidad. Utilice el número mínimo de luces posible y evite iluminar al sujeto desde demasiadas direcciones. Ahora que ya sabe cuál es el equipo que necesita, veamos algunos esquemas básicos de iluminación.

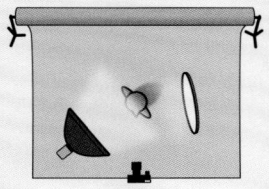

Rembrandt (caja de luz y reflector)

Oriente al sujeto hacia la luz. Indíquele que gire la cabeza hacia la cámara. Si fuera necesario, emplee un reflector para aclarar las sombras. Coloque al sujeto y el flash correctamente para crear una luz de realce triangular en la mejilla (*véase* pág. 113).

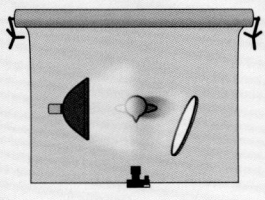

Dividida (caja de luz y reflector)

Desplace la luz de modo que esté a unos 90° del plano frontal del sujeto. Ahora quedará iluminada una mitad de la cara y la otra mitad permanecerá en sombra. Utilice un reflector si considera que el contraste entre las luces y las sombras es demasiado intenso.

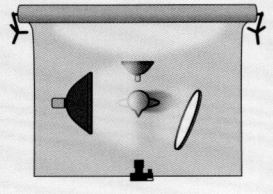

Iluminar el fondo (caja de luz, segunda luz y reflector)

Emplee un fondo blanco e ilumínelo con un flash situado detrás del sujeto. De esta forma quedará sobreexpuesto y se verá blanco en lugar de gris. Este esquema de iluminación proporciona el clásico aspecto «de estudio».

Por qué, cuándo, qué

¿Cuál es el mejor objetivo para retrato?

Para primeros planos, utilice un objetivo fijo de focal estándar o algo más larga (tele corto). Puede elegir un modelo de gran abertura, como **f/1,4**, pero, por lo general, esta característica no ofrece ninguna ventaja práctica cuando se considera el coste adicional que supone. Para retratos de ambiente, cuando el contexto sea importante, emplee un objetivo con una distancia focal más corta. Tenga en cuenta la distorsión óptica (*véase* pág. 25).

¿Por qué los ojos del sujeto están desenfocados?

Si busca un primer plano de la cara con una profundidad de campo reducida, entonces el fotógrafo y el sujeto no deben moverse. Aunque el enfoque se fije sobre los ojos, es posible que el fotógrafo o el sujeto se muevan ligeramente antes de captar la imagen. Este movimiento desplaza el punto de enfoque de los ojos hacia la nariz o las orejas. Para solucionar este problema puede usar trípode, alejarse un poco o ajustar una abertura un poco más pequeña, por ejemplo **f/5,6**.

¿Por qué el sujeto queda en silueta?

Porque está iluminado a contraluz. Una luz brillante por detrás del sujeto confunde al exposímetro de la cámara, por lo que la imagen queda subexpuesta. Mueva al sujeto para que no quede a contraluz, o bien compense la exposición (*véase* pág. 41).

¿Por qué el fondo sigue enfocado aunque haya ajustado una abertura grande?

Se debe a que el objetivo tiene una distancia focal corta (gran angular) y a que está demasiado lejos del sujeto. Intente cerrar el zoom o acérquese (*véase* pág. 121).

¿Por qué los retratos quedan tan mal?

¿El sujeto está siempre riendo? ¿Deja que actúe para la cámara? ¿Su expresión o pose es un poco artificial? ¿Utiliza el flash incorporado de la cámara? Debería controlar más al sujeto. Simplifique las cosas, espere a que los niveles de energía bajen y pruebe algo más informal y menos posado. Evite el uso del flash incorporado y aproveche la luz natural.

¿Cuándo debo pagar a desconocidos para hacerles un retrato?

Si lo pide de manera educada, la gente casi siempre accede de buen grado a posar para un retrato sin recibir dinero a cambio. Pero si va a fotografiar a alguien claramente menos afortunado que usted (personas sin hogar o que luchan por sobrevivir en los países pobres), entonces puede ofrecerles algo a cambio aunque no lo pidan. Pero no tiene por qué ser dinero. En algunos países los bolígrafos son difíciles de conseguir, por lo que siempre vale la pena llevar encima unos cuantos.

¿Qué cámara es mejor para fotografiar gente?

Todas las cámaras tienen ventajas e inconvenientes, así que debería asegurarse de utilizar el «formato» más apropiado para el tipo de fotografía que vaya a hacer (*véanse* págs. 74-75). Una de las ventajas principales de las cámaras de formato medio y gran formato es el incremento de la calidad de imagen, lo que permite hacer ampliaciones de gran tamaño con mucho detalle. Algunos fotógrafos que usan este tipo de cámaras son Rineke Dijkstra (*véase* pág. 64), Jeff Wall (*véase* pág. 88) y Thomas Ruff (*véase* pág. 114). Pero estas cámaras no son tan versátiles o prácticas como las DSLR y telemétricas que prefieren Bruce Gilden (*véase* pág. 78), Fred Herzog (*véase* pág. 116) y Robert Bergman (*véase* pág. 121).

¿Qué es mejor, película o digital?

Algunos fotógrafos prefieren disparar con película porque el grano proporciona a las imágenes un aspecto más «táctil». La película también nos obliga a que seamos más mesurados, ya que cada clic tiene un coste. Y no permite revisar las imágenes nada más tomarlas. Esto centra la atención en el sujeto y en el acto de disparar. Además, las cámaras digitales de formato medio son muy caras, así que la película sigue siendo la mejor opción.

Índice

Los números de página
en **negrita** hacen referencia
a las imágenes.
Abell, Sam: *El ranchero John
Fraser y su nieta Amanda*
12, **13**
abertura 40, 41, 90, 91, 122, 124
ángulo de la cámara 15, 16
atmósfera, ambiente, crear 12,
19, 30, 50, 96, 99, 108
autorretratos 15, 68
Avedon, Richard: *Boyd Fortin,
13 años, desollador de
serpientes, Sweetwater,
Texas, 10 de marzo de 1979,*
de la serie «El Oeste
americano» **28**, 29

Ballen, Roger: *Cazador de gatos*
110, 111
Bayard, Hippolyte: *Autorretrato
como hombre ahogado* 68,
69
Bergman, Robert: *Sin título*
120, **121**, 125
Bourke-White, Margaret:
Louisville, Kentucky **32**,
33
Brandt, Bill: *Desnudo* 100, **101**
Brodie, Mike: *N.° 0924* de la
serie «Un período de
prosperidad juvenil» **98**, 99

caja de luz 112, 122, 123
cámara
oculta 49
tipos de 74–75
cámaras
CSC 74
de formato medio (SLR) 24,
25, 75, 125
de gran formato 24, 25, 65,
75, 89, 125

DSLR (cámara digital réflex
monocular) 74, 125
telemétricas 75
cambio, documentar el 71
capas, enlazar 12
Cartier-Bresson, Henri: *Madrid*
76, 77
cesión de derechos, contrato
56–57
Clark, Ed: *Graham Jackson,
músico de la fuerza naval*
10, 11
color 30, 92–103
comodidad 61, 65, 66
Compensación de la exposición
41, 119, 124
composición 9–23, 24, 33, 44, 75,
83, 93, 94, 100, 103, 120
contexto 26–39, 57, 77, 120, 124
controlar las fotografías 60–73
Coplans, John: *De espaldas tres
cuartos Manos agarradas*
92, 93

Delahaye, Luc: *L'Autre* **48**
Dijkstra, Rineke: *Odessa,
Ucrania,* de la serie
«Retratos en la playa» **64**,
65, 125
distancia focal 16, 24, 25, 40, 124
distorsión óptica 24, 25, 124
Doisneau, Robert: *Mujer
ofendida* **82**, 83

Eggleston, William: *Sin título
(Niño con un jersey rojo),*
de la serie «Los setenta:
volumen dos» **102**, 103
encuadre 16, 19, 23, 24, 25, 30, 33,
35, 39
enfoque 24, 30, 40, 90, 124
entorno 16, 24, 25, 27, 30, 33,
40, 73, 124

equilibrio del blanco 99
Erler, Glen: *Mamá tumbada
en el suelo,* de la serie «Árbol
genealógico» 108, **109**
Escenas, modo 41
espacio negativo 100
estudio y el retrato, el 29, 73, 112
exposición 41, 91, 107, 119, 122, 124
exposímetro de flash 122
expresiones faciales 35, 46, 49,
111, 125

filtros 104
flash 61, 79, 111, 117, 122, 125
flashes 65, 111
fondo 12, 16, 24, 27, 33, 40, 77,
103, 120, 123, 124
fondos 29, 65, 73, 83, 105, 111,
123
fotografía
de calle 15, 57, 58, 76–89, 94,
117, 120
en blanco y negro 93, 94, 96,
100, 104
informal 43, 44, 58, 125
posada 43, 52, 61, 66, 86, 89,
123, 125

Gedney, William: *Hombres y
niños de la familia Comett …*
44, **45**
Gilden, Bruce: *Ciudad de Nueva
York* **78**, 79, 125

Halsman, Philippe: *Robert
Oppenheimer saltando* 62, **63**
Haynes, Philip: *Crossfitters* **34**, 35
Henson, Bill: *Sin título, 73/120*
118, 119
Herzog, Fred: *Flâneur, Granville*
116, 117, 125
Hoyningen-Huene, George:
Bañistas, París **54**, 55